KB091121

**낯선 이야기는
우리 곁에 있다**

낯선 이야기는
우리 곁에 있다

정헌목 · 황의진

SF와 인류학이 함께 그리는 전복적 세계

일러두기

1. 내용과 관련 있는 주석은 ■로 표시해 각주로, 문헌 관련 주석은 번호로 표시해 후주에 달았다.
2. 인용자가 이해를 돕기 위해 추가한 내용은 대괄호([])로 표시했다.
3. 본문에 언급된 단행본은 한국에서 번역 출간된 경우 국내에 소개된 제목을 따랐다. 원제는 국내에 출간되지 않은 경우에만 병기했다.
4. 가상 민족지 ①에서 인용한 증언은 『시녀 이야기』의 문장을 일부 수정해 재수록했음을 밝힌다.

차례

프롤로그　인류학과 SF를 함께 읽기

SF가 지구 밖 이방인을 다루는 외계의 인류학이 된 것처럼,

인류학은 지상의 이방인을 다루는 지구의 SF가 되었다.■

세상의 변화를 모색하는 방법은 여러 가지가 있지만 이 책
은 특히 두 가지에 주목한다. 그건 바로 '인류학'과 '과학소

■　엄밀히 말해 이 인용구는 원문의 맥락상 이 책의 주제에 완전히 들어맞는
　　건 아니다. 원문은 19세기 말 근대적 형태로 등장한 SF라는 문학 장르와
　　인류학이라는 학문 분야가 각각 외계인과 비유럽인 타자를 실제 존재
　　여부와 무관하게 '있을 법한' 대상으로 재현해낸다는 점에서 유사하다고
　　지적한 문장이다. 하지만 두 분야가 등장한 지 100년이 훌쩍 넘은 지금,
　　나는 이 문장이 '지금, 이곳'의 새로운 맥락에서 인류학과 SF의 관계를
　　잘 보여준다고 생각한다. 이 책의 프롤로그는 그 관계에 관한 이야기다.
　　McGrane, Bernard. 1989. *Beyond Anthropology: Society and the
　　Other.* Columbia University Press, p.3.

설(SF)'이다. 타자에 관한 연구를 바탕으로 인간에 대한 이해
를 추구하는 인류학과 과학적 사실 혹은 가설을 배경으로
한 SF는 생각 외로 공통점이 많다. 두 분야 모두 우리가 당
연시하는 현실에 의문을 제기하고 대안적 상상력을 자극한
다는 점에서 그렇다. 여기에 대해선 좀 더 부연이 필요해 보
인다. 아무래도 인류학보다는 SF에 익숙한 독자가 더 많을
듯하니 SF부터 이야기해보자.

비평가 조애나 러스(Joanna Russ)는 가정법을 기준으로
소설의 장르별 특징을 살핀 작가 새뮤얼 딜레이니(Samuel R.
Delany)의 정의를 가져와 SF가 지닌 독특한 성격을 짚어낸 바
있다.[1] 우선 논픽션인 르포르타주(기록문학)는 "이런 일이 일
어났다."에 해당하는 내용을 다룬다. 한편 자연주의 소설은
"이런 일이 일어날 수 있었다."라는 문장으로 정의된다. 이
를 뒤집어 "이런 일은 일어날 수 없었다."로 정의되는 게 판
타지소설이다. 판타지소설이 판타지인 이유는 현실을 위반
하고 어기기 때문이며, 이 같은 현실의 부정이야말로 판타
지가 선사하는 즐거움이다. 실제 현실에서는 상상하기 어려
운 온갖 마법과 드래곤이나 엘프, 오크 같은 종족이 등장해

이야기를 끌어가는 게 판타지의 매력이다.

반면 SF는 "이런 일은 일어나지 않았다."로 정의된다고 딜레이니는 설명한다. 이렇게 '일어나지 않은 사건'은 이른바 순수문학의 일어날 수 있었던 사건이나 일어날 수 없었던 판타지의 사건과 매우 다르다.[2] 일어나지 않은 사건에는 '언젠가 일어날지도 모르는 사건'이 포함된다. 현실의 허구적 재현을 목표로 하는 다른 문학 장르나 아예 비현실적인 이야기를 표방하는 판타지와 달리, SF는 일견 '비현실적'인 것처럼 보이지만 실은 현실에 잠재된 가능성과 깊은 관계를 맺고 있다. 시간을 뒤로 돌려 미래를 내다보지 않는 이상 우리는 앞으로 어떤 일이 일어날지 알 수 없다. 하지만 SF는 우리에게 알려진 과학적 사실을 위반하지 않는다는 전제(바로 이 점이 판타지와 SF의 또 다른 차이다.) 아래 앞으로 일어날 수도, 일어나지 않을 수도 있는 일을 이야기한다. 따라서 SF는 우리의 잘못이 유발할 수 있는 어두운 미래와 우리가 노력해 바꿀 수 있는 긍정적 전망 모두를 다룬다.

그렇다면 인류학은 어떨까? SF가 허구를 다루는 문학 장르라면 인류학은 현실을 연구하는 학문 분야다. 앞서 살펴본 딜레이니의 논의를 빌려오면 인류학은 '이미 일어난 사건'에 관해 다룬다. 인류학은 실제 현실에서 인류학자가 직접 관찰하고 기록한 사례에 관한 기술과 분석을 통해 지식을 제공한다. 많은 경우 인류학은 타자(전통적인 인류학의 연구 대상인 타문화이건, 인류학자 자신이 속한 사회 내부의 타자이건 간에)에 관한 연구를 수행하고 그 성과를 소개하여 읽는 이가 깨달음을 얻게끔 한다. 낯선 문화를 분석한 연구를 통해 우리에게 익숙한 제도나 관습이 보편적이지 않음을 깨닫게 하거나, 혹은 자기 문화를 마치 타문화인 양 거리를 두고 성찰하는 작업이 여기에 해당한다.

특히 현대 인류학 연구 중 다수는 우리가 살아가는 국민국가 중심의 자본주의 사회에 관한 비평과 더불어 '다른 세계의 가능성'을 모색하도록 돕는다. 비록 사용하는 언어와 피부색은 다를지언정 인류는 생물학적으로 동일한 종이다. 같은 종으로서 공통점을 지녔음에도 불구하고 우리와 다른 방식으로 살아가는 사람들이 있다는 건 문화적·역사적 맥락에 따라 서로 다른 다양한 삶의 방식이 가능하다는 방증이다. 이런 문화적 다양성에 관한 연구, 즉 인간 집단의 과거와 현재에 관한 고찰을 통해 인류학은 우리가 또 다른 미래를 만들어나가는 데 도움이 되는 실천적 지식을 제공한다. 결국 SF와 인류학은 미래를 향한 상상이라는 공통적인 지향점을 지니고 있다. SF가 미래에 관한 픽션이라면, 인류학은 미래를 위한 논픽션이다.

두 분야 모두 '낯설게 보기'라는 관점을 강조한다는 측면에서도 비슷한 점이 많다. SF 작가 김초엽은 SF의 매력 중 하나가 익숙한 세상을 낯설게 보도록 하는 것이며, 초점을 변두리로 옮기는 것만으로도 이야기에 매력을 더할 수 있다고 말한다.[3] 인류학 역시 마찬가지다. 인류학은 낯선 타 문화를 익숙하게 만들고, 익숙한 자문화를 낯설게 만드는 관점을 강조한다. 한국의 대표적인 인류학 개론서[4]의 제목처럼 '낯선 곳에서 나를 만나다'는 인류학의 정신을 상징하는 문구이다. 이 책에서 다루겠지만, 설정이나 세계관이 이야기와 연구 전반에서 매우 중요한 역할을 맡는다는 점도 유사하다.

이 같은 두 분야의 공통점에 착안하여 이 책은 SF와 인류학적 사유의 접목을 시도하고, 인류학과 SF가 그려내는 대안적 세계를 들여다보려 한다. 우선 각기 다른 방식으로 인류학과 연결 지을 만한 여덟 편의 SF를 선정해 각 작품을 인류학의 렌즈를 통해 다시 읽어본다. 전통적으로 인류학에서 많이 다루어온 주제인 차별과 불평등, 종교 의례나 젠더 연구를 비롯해 최근의 생식·출산 연구나 생태·환경 연구를 SF 작품과 연결하여 새로운 시각으로 살펴보고자 했다. 인류학 논의를 활용한 SF 다시-읽기를 통해 SF가 제공하는 무궁무진한 상상력이 인류학의 연구 대상인 현실 세계의 변화에 어떻게 이바지할 수 있는지 생각해보려 한다.

이렇게 쓰인 여덟 편의 글이 SF를 인류학적으로 읽은 결과라면, '가상 민족지'라는 이름을 붙인 다른 글들은 반대로 SF를 인류학적으로 써보는 작업에 해당한다. 민족지■는 인류학자의 현장연구(fieldwork)를 바탕으로 특정 집단의 삶과 문화를 분석한 글, 즉 인류학 연구 작업의 결과물을 가리킨다. 여기서 중요한 건 '현장연구'라는 연구 방법이다. 인류학 연구에서는 인류학자가 짧게는 수개월에서 길게는

■ 영어 단어 ethnography를 옮긴 말로, 사용되는 맥락에 따라 '민속지' 혹은 '문화기술지'라 불리기도 한다.

1~2년 이상 장기간에 걸쳐 현장에 직접 머무르며 연구를 수행하는 것을 중시한다. 그 기간 동안 인류학자는 사람들을 만나 이야기를 듣고 현장에서 벌어지는 다양한 활동에 직접 참여한다. 그렇게 모은 자료를 토대로 연구자로서 기본적으로 가져야 할 객관적인 시각을 견지하되, 최대한 '연구참여자'▪□의 관점에서 현장의 사회와 문화를 분석한 글이 바로 민족지다.

이 책에서는 세 편의 '가상 민족지'를 통해 SF를 활용한 인류학적 글쓰기의 면모를 보여주고자 한다. 인류학자 황의진이 집필한 이 글들은 SF 작품의 줄거리와 설정을 마치 인류학자의 현장연구 자료인 것처럼 가정하여 민족지 형식으로 써보는 시도다. 각각의 글은 인류학 탐사대의 조사보고서와 전형적인 인류학 학술논문, 일인칭의 자기 민족지까지 서로 다른 민족지 형식을 차용했다. 학문으로서의 인류학이 내놓는 결과물은 다소 딱딱하지만, SF라는 흥미로

▪□   인류학자가 현장에서 만나는 사람들을 가리킨다. 과거에는 '연구 대상'이라는 표현을 많이 썼으나, 현장의 목소리와 관점을 중시하는 민족지적 연구의 특징을 감안하여 최근에는 '연구참여자'라는 표현을 선호하는 경우가 많다.

운 이야기를 활용한 다시-쓰기를 통해 인류학자의 실제 작업을 맛볼 독특한 기회가 되리라 기대한다.

　미리 언급해두자면, 세 편 모두 가상의 집필자로 여성 연구자를 상정하고 있다. 이는 가상 민족지를 쓴 황의진의 실제 성별을 반영한 것이지만, '연구 자료'에 해당하는 소설 세 편(『시녀 이야기』, 『어둠의 왼손』, 『킨』)이 모두 젠더 관점을 중시한다는 특성을 최대한 살리기 위한 선택이기도 하다. 성별이 다른 두 명의 인류학 연구자(정헌목과 황의진)가 SF를 인류학의 시각에서 각각 '다시-읽'고 '다시-씀'으로써 서로 교차하는 시선을 드러내는 효과도 함께 고려했다.

　SF를 인류학적으로 다시-읽은 여덟 편의 글 중 여섯 편은 2022년 4월부터 2023년 2월에 걸쳐 문학잡지 《릿터》에 연재한 원고를 수정·보완했다. 막연하게 아이디어에 머물던 내용을 구체화할 수 있도록 연재를 제안해준 최예원 편집자와, 매번 갈피를 못 잡고 헤매기 일쑤이던 원고를 적합한 방향으로 이끌어준 《릿터》 편집부에 깊이 감사드린다. 또한 연재 원고를 책으로 만드는 과정에서 섬세한 피드백으로 다듬고, 늦어지는 원고 수정을 기다려준 최고은 편집자에게도 감사의 마음을 전하고 싶다.

고백하자면, 인류학과 SF 각각에 대한 애정으로 무턱대고 덤벼든 연재였지만 문학과 인문·사회과학이라는 서로 다른 분야를 최대한 자연스럽게 연결하는 게 쉽지만은 않았다. 또한 SF 작품마다 적합한 인류학 논의를 찾고 기한에 맞춰 집필해야 하는 연재 과정은 인류학자로서 내가 얼마나 공부가 부족한 연구자인지 깨닫는 작업이기도 했다. 그럼에도 내가 좋아하는 두 분야를 함께 아우르며 글을 쓴다는 건 인류학자이자 SF 독자로서 정말 보람을 느끼는 일이었다. 감히 짐작건대 인류학 저작의 독자이든 SF소설의 독자이든 우리가 사는 현실 세계에 뭔가 크고 작은 불만을 품고 있으리라 생각한다. 그 불만을 동력 삼아 새로운 세계를 모색하는 작업에 이 책에 담긴 이야기들이 작게나마 기여할 수 있으면 좋겠다.

저자들을 대표하여

정헌목

우리는 타자를

어디까지

이해할 수 있는가

『솔라리스』와 타자에 관한 인류학

친구도 적도 아닌 절대적 타자

10년 전 죽은 연인이 주인공 앞에 다시 나타난다. 주인공은 '솔라리스'라는 이름의 외계 행성 연구를 위해 솔라리스 상공에 건설된 과학 정거장에 도착한 심리학자 켈빈. 솔라리스는 표면 대부분이 바다로 뒤덮인 행성으로, 유기물로 이루어진 솔라리스의 바다는 놀랍게도 사고력과 인지 능력을 지닌 존재였다. 바다는 스스로 인력을 조절해 불안정한 솔라리스의 공전 궤도를 안정화할 뿐만 아니라 자신을 재료 삼아 온갖 변화무쌍한 형상들을 만들어내기도 했다. 수십 년 동안의 탐사에도 실체를 파악하기 어려운 특성 탓에 연

구의 열기가 시들해질 무렵, 단 세 명의 연구자만 남은 과학
정거장에 연구진으로 합류한 켈빈을 맞이한 건 기묘하고 섬
뜩한 분위기였다. 동료 과학자 한 명은 켈빈이 도착하기 전
에 이미 죽어 있었고 다른 두 명의 과학자도 켈빈을 피하며
상대하려들지 않았다. 그런 어느 날 아침, 침대 위에서 잠에
서 깬 켈빈을 기다리고 있던 건 과거에 그와 다투고 자살한
연인 하레이였다. 이미 10년이 흘렀지만 하레이의 모습은
그가 기억하고 있던 죽기 직전 모습 그대로였다.

    선뜻 보아서는 호러물의 인상마저 풍기는 소설『솔라
리스』[1]는 이렇게 독특한 설정을 바탕으로 외계 생명체를 인
간에게 익숙한 동식물의 형상으로 그려내는 기존의 접근을
거부하고, 완전히 다른 형태의 외계 존재를 고찰한다. 사실
솔라리스의 바다를 생명체로 볼 수 있는가는 결말에서도
완전히 밝혀지지 않는다. 작가인 스타니스와프 렘(Stanisław
Lem)은 불가해한 대상인 바다의 정체나 행동, 의도를 직접
서술하는 대신 등장인물이 겪는 곤혹과 내적 갈등을 묘사
하며 독자에게 상상의 지평을 넓힐 것을 주문한다. 그 중심
에는 솔라리스 정거장에서 주인공 켈빈이 마주한 과거의 연

인 하레이와의 관계가 놓여 있다.

　　　외모와 말투, 목소리, 그리고 자신을 향한 기억마저도 10년 전 죽은 연인과 똑같은 하레이를 만난 켈빈은 혼란에 휩싸인다. 하지만 이내 눈앞의 하레이는 시간과 공간을 넘어 살아 돌아온 과거의 진짜 하레이가 아니라는 사실을 깨닫는다. 정체불명의 가짜 하레이를 제거하기 위해 우주선 셔틀에 태워 대기권 바깥으로 쏘아 보낸 다음 날 아침, 언제 그런 일이 있었냐는 듯 멀쩡하게 다시 나타난 하레이를 보며 켈빈은 충격에 빠진다. 그리고 정거장의 다른 과학자들과 대화하며 이런 일이 자신에게만 일어나고 있는 건 아니라는 사실을 알게 된다. 솔라리스 상공에 머무르는 인간들의 의식 가장 깊은 곳에 감춰진 기억을 읽어낸 뒤, 그중에서도 가장 강렬한 기억으로 남은 과거의 인물을 만들어 그들에게 보내고 있는 건 바로 바다였다. 기존에 솔라리스에 머무른 과학자들이 '손님'이라 부른 이들은 원자보다 작은 성분으로 이루어진 유기물 합성체로 밝혀진다.

　　　"이것은 인간이 아닐뿐더러, 실존 인물을 그대로 복제한 존재도 아닙니다. 그들은 그저 우리의 뇌가 어떤 특정 인물에 대해 가지고 있던 관념의 물질적 투영에 지나지 않습니다."

"[……] 우리의 기억 속에 가장 깊이 각인된 흔적, 다른 모든 기억들로부터 고립된, 가장 강렬한 기억이 선택된 것이죠."[2]

그렇다면 손님은 인간의 기억에서 어떻게 선별되었으며, 바다는 이들을 왜 자신의 상공에 도달한 인간에게 보내는 것일까? 마지막까지 그 답은 분명하게 밝혀지지 않는다. 흥미로운 점은 손님으로 찾아온 가짜 하레이를 대하는 주인공 켈빈의 태도와 감정 변화다. 손님의 정체를 알고 나서 처음에는 혼란에 빠졌던 켈빈은 점차 가짜 하레이를 향한 자신의 마음이 애정으로 바뀌어가는 걸 느낀다. 그도 그럴 것이 연인의 자살이라는 비극으로 끝난 현실과 달리 새로 나타난 하레이와의 관계는 파국 이전의 아름다운 추억에 기초한, 과거로부터 분기된 또 다른 현재를 의미했기 때문이다. 설령 그 상대가 미지의 외계 존재가 만들어낸 유기물 휴머노이드라 하더라도 말이다.

여기까지 봐서는 『솔라리스』가 마치 한 편의 애틋한

러브 스토리처럼 읽히기도 한다. 실제로 이 소설을 영화로 만든 스티븐 소더버그 감독의 「솔라리스」(2002)는 둘의 로맨스에 초점을 맞췄다. 하지만 렘은 이를 못마땅해하며 본인은 이 책을 단순한 사랑 이야기로 그려내지 않았다고 비판했다. 그보다 30년 앞서 구소련의 거장 안드레이 타르코프스키가 연출한 또 다른 영화 「솔라리스」(1972) 역시 원작자의 비판을 피하지 못했다. 제25회 칸 영화제에서 심사위원 대상을 수상하며 평단의 인정을 받은 이 영화에 대해서도 렘은 심각한 유감을 꾸준히 표명했다. 타르코프스키의 걸작이 믿음과 구원이라는 주제를 발굴해 주목한 반면, 원작 소설의 핵심 주제는 다른 무엇보다도 '미지와의 조우'였기 때문이다.[3]

　　어슐러 K. 르 귄(Ursula K. Le Guin) 역시 타르코프스키의 영화가 지닌 장점에도 불구하고 원작 소설의 지적인 깊이와 도덕적인 복잡성에 맞먹을 수는 없다고 지적한다.[4] 불가해한 외계 존재를 고찰한 소설 『솔라리스』를 원작으로 제작된 영화들은 타자로서의 외계 존재보다는 타자를 만난 인간 자체에 주목하는 데 그쳤다는 이유에서다. 이와 관련해 프레드릭 제임슨(Fredric Jameson)은 『솔라리스』에 관한 비평에서 의식을 가진 바다가 '친구 아니면 적'이라는 이분법으로 판단할 수 없는 상대임을 강조한다.[5] 처음 켈빈이 가짜 하레이를 보며 느꼈던 것처럼 인간의 기억을 읽어내어 바다가 보낸 손님들은 켈빈을 비롯한 과학자들에게 반가움보다는 불쾌하고 고통스러운 경험을 안겨주었다. 그렇다 해서 바다에게 어떤 공격적인 의도가 있었다고 보기도 어렵다. 결국 『솔라리스』는 행성을 뒤덮은 불가해한 존재인 바다와 인간 사이의 조우에 관한 이야기이며, 더 나아가 서로 완전히 다른 존재인 절대적 타자 사이의 소통 불가능성을 다루는 작품이다.

　　인류학자의 입장에서 이 작품을 읽으며 내가 주목한 지점 역시 크게 다르지 않았다. 너무나도 다른 존재들이 서로를 이해할 수 없어 발생하는 상황에 대한 고찰과 분석은 과거부터 인류학이 줄곧 집중해온 테마였다. 『솔라리스』의 바다와 인간 정도까지는 아니지만 그보다 조금 더 층위를 낮추면, 인류 역사에서 절대적 타자에 준하는 서로 다른 집단이 만난 실제 사례가 있다. 유럽인들의 '신세계 발견'과 거기에 뒤따른 아메리카 선주민과의 조우였다.

절대적 타자와의 조우: 인간을 판단하는 기준은 무엇인가

농무지대의 매연색 하늘과 암울한 공기는 구세계와 신세계가 처음으로 상면하게 되는 심적 상태를 요약해주고 있다. 이 음울한 경계지역은 [……] 전혀 다른 성격을 지닌 두 행성 간에 존재하는 최후의 방책이었다. 따라서 최초로 이곳을 탐험하였던 사람들은 이곳에 동일한 인간이 살고 있으리라고는 거의 믿을 수 없었다. [……]

인류는 이제까지 이처럼 엄청난 시련을 경험해보지 못했으며, 또 지구로부터 수백만 킬로나 떨어진 곳에 사고의 능력을 갖춘 사람들이 살고 있는 또 하나의 지구가 있다는 계시가 어느 날 우리에게 주어지지 않는 이상, 앞으로도 이와 같은 시련은 결코 발생하지 않을 것이다.[6]

인류학자 클로드 레비스트로스(Claude Lévi-Strauss)의

자전적 여행기 『슬픈 열대』의 한 대목은 유럽과 아메리카의 첫 조우를 "전혀 다른 성격을 지닌 두 행성" 간의 만남에 견주어 고찰한다. 이 비유가 인상적인 것은 유럽인이 처음 아메리카에 도착한 15세기 말 이후로 아메리카 대륙에서 발생한 여러 사건이 서로 다른 행성의 만남에 비유될 정도로 큰 차이를 지닌 존재들 사이에 일어난 일이기 때문일 터이다. 대양을 사이에 두고 너무나도 다른 형태의 문화를 발전시켜온 두 집단은 상대를 도저히 이해할 수 없었다. 그리하여 둘의 만남은 한쪽의 일방적인 지배와, 다른 한쪽의 절멸에 가까운 희생을 남겼다. 인류의 역사에 지금까지도 큰 영향을 끼쳐온 서구 제국주의와 식민주의는 이 만남으로부터 시작되었다.

　　유럽이 아메리카를 본격적으로 식민화하기 전, 유럽인과 아메리카 선주민이라는 두 집단은 지금까지 경험해보지 못한 새로운 과제를 맞닥뜨렸다. 바로 유사 이래 처음 접한 상대를 어떻게 이해할 것인지, 무엇보다 '상대방도 우리와 같은 인간인지' 먼저 알아내야 한다는 문제였다. 이에 대해 레비스트로스는 매우 대조적이고 흥미로운 기록을 소개한다. 아메리카 대륙을 '발견'한 스페인 본국은 사제를 보내 선주민이 인간의 영혼을 갖고 있어 기독교로 개종이 가능한 지, 아니면 동물처럼 죽여도 되는 존재인지 알아내고자 했다. 반면 유럽인들이 처음 도착한 앤틸리스 제도(이른바 '서인도 제도')에 살던 선주민들은 유럽인을 생포해 물속에 던져넣고 그 사체의 부패 여부로 유럽인이 자신과 같은 인간의 몸을 가졌는지 확인하고자 했다. 유럽인이 영혼을 기준으로 인간 여부를 확인하려 했다면, 아메리카 선주민은 신체를 기준으로 그를 판단하려 한 것이다.

후대의 인류학자 비베이루스 지 카스트루(Eduardo Viveiros de Castro)는 유럽인과 선주민 모두가 지닌 자기종족중심주의(ethnocentrism)의 관점에서 이 사례를 해석한다.[7] 아메리카 대륙에서 만난 선주민이 자신과 같은 신체를 갖고 있다는 사실을 의심하지 않았던 유럽인들은 선주민이라는 타자의 신체에 자신과 유사한 영혼이 깃들어 있는지 의문을 품었다. 반대로 유럽인도 자신과 같은 영혼을 갖고 있다고 확신했던 선주민들은 유럽인이라는 타자가 자신과 물질적으로 유사한 신체를 가지고 있는지 궁금해했다. 이 같은 차

이는 이들 두 집단이 애초에 '존재'를 바라보는 관점 자체
가 다르기에 생긴 결과였다. 유럽인의 존재론에 따르면 신체
를 구성하는 물질은 동일하지만 신체에 깃드는 영혼은 존재
의 위계에 따라 달라진다. 반대로 선주민의 존재론에서 모
든 존재는 정신의 영역에서 동등한 위상을 지니며, 각 존재
를 구별하는 건 물질의 영역에서 서로 다르게 갖고 있는 신
체의 차이다. 어떤 생명체든 신체를 갖고 있다는 점은 동일
하다고 본 유럽인들은 선주민을 인간과 유사한 신체를 지닌
'동물'이 아닐지 의심했다. 반면 지구상의 존재라면 무엇이
든지 영혼을 갖고 있다고 본 선주민들은 유럽인이 혹시 인
간과 형태는 유사하지만 다른 속성의 신체를 가진 존재, 나
아가 '신'이 아닐지 의심했다. 서로에게 절대적 타자였던 두
집단의 조우라는 상황에서 유럽인은 상대를 동물로 먼저
보았지만, 선주민은 상대에게서 신의 가능성을 탐색했다.

　　수십 년 동안의 근대화와 서구화를 거치며 이미 서
구적 사고방식에 친숙한 한국인에게는 유럽인의 관점이 더
익숙할 것이다. TV와 유튜브 같은 미디어에서, 노동 현장 등
의 실제 생활에서 피부색이 다른 사람들을 우리와는 다른

인간으로, 마치 '동물처럼' 인식하고 차별적으로 다뤄온 게 바로 한국의 현실 아닌가. 아메리카 대륙에 처음 도착해 선주민에게 인간의 영혼이 있을 리 없다고 생각한 과거의 유럽인까지는 아닐지 몰라도, 비백인 타자가 뛰어난 사고 능력을 지닐 수 없다고 여기는 것이 한국 사회의 주된 시선이다. 애초에 '그들'이 우리와 동등한 수준의 영혼을 갖고 있지 않다고 본다는 점에서는 16세기 아메리카의 유럽인과 크게 다르지 않은 게 21세기를 살아가는 보통의 한국인이다.

　　하지만 처음 유럽인을 만난 아메리카 대륙의 선주민은 그렇지 않았다. 이들은 언제 어디서나 같은 성격을 갖고 있는 게 영혼이며, 모든 동물과 식물, 개체는 잠재적으로 인간과 똑같은 유형의 혼을 지니고 있다고 보았다.[8] 그렇기에 그들은 바다 건너 새롭게 나타난 유럽인 역시 자신과 동등한 영혼을 가졌다는 사실을 의심하지 않았고, 대신 물리적인 신체의 특성에 차이가 있는지 확인하고자 했다. '사회과학'에 의지해 상대를 파악하려 한 유럽인과 달리 '자연과학'에 의지한 셈이다.[9] 새로 만난 타자가 동물이기를 내심 바랐던 유럽인들과 상반되게 아메리카 선주민들은 '실험'을 통해 새로운 타자가 신은 아니라는 사실을 확인하는 데 만족했다. 레비스트로스의 날카로운 지적처럼 양편 모두 무지하기는 마찬가지였지만, 그래도 선주민의 태도가 새로운 타자를 대하는 인간으로서 더욱 마땅했다.

'손님'이라는 선물

500여 년 전 아메리카 대륙에서 있었던 위의 사례는 예비지식이 전혀 없는 절대적 타자 간의 소통이 얼마나 어려운지 잘 보여주는 에피소드다. 이처럼 서로 낯선 존재들 간에 소통은 쉽지 않다. 그렇다면 이들이 만날 때 전쟁이나 정복, 식민 지배와 같은 폭력적인 방식이 아닌 다른 방법으로는 관계를 맺을 수 없는 걸까? 인류학의 연구 사례는 세계 각지의 인간 집단이 '선물교환'이라는 방식을 통해 낯선 타자와의 관계를 맺어왔음을 보여준다. 이와 관련하여 인류학자 앤드루 스트래선(Andrew Strathern)이 기록한 뉴기니 고산 지대의 사례는 흥미로운 이야기이다.

이 노인이 살던 마을에 오스트레일리아 행정 대표부에 소속
된 백인이 처음 나타났는데, 마을 사람들 사이에서는 이 이
상한 생명체가 사람인지, 아니면 전설로 전혀 내려오던 창백
한 식인 괴물인지 의견이 분분했다. 그들은 이 백인에게 돼
지를 선사했고, 그도 귀중한 조개껍데기로 답례했다. 그제
야 원주민들은 그가 자신들과 같은 진짜 사람이라는 결론에
이르렀다고 한다.[10]

앞서 살펴본 '신대륙 발견' 당시와 마찬가지로, 서로
에게 완전히 낯선 존재를 처음 만났을 때 상대가 "우리와
같은 인간인지" 확인할 필요가 있다. 거기서 상대를 사람
으로 인정하고 유대 관계를 맺는 절차로 이어진다. 이때 요
구되는 것이 바로 선물이다. 인류학자 마르셀 에나프(Marcel
Hénaff)는 상대방의 인정이 귀중한 물건의 상호 대갚음을 통
해 발생한다고 강조한다. 개인이든 집단이든 상대를 사람으
로 인정하는 것은 언제나 물건을 매개로 하는 행위를 통해
이루어진다. 물건을 통해 상대에게 자신의 일부를 주면서
과감히 낯선 영역으로 들어가는 것이다.[11] 상대가 적인지 아

군인지 확신할 수 없는 상황에서 소모적인 적대 행위를 피해 상호 관계를 맺는 방법이 선물교환이라는 사실은 동서고금의 인류 역사를 통틀어 무수히 많은 사례에서 확인되어 왔다. 인류학의 고전 가운데 인문·사회과학 전반에 가장 많은 영향을 끼친 『증여론』[12]은 타자와의 관계를 창출하고 유지하는 데 있어 선물을 주고, 받고, 되갚을 의무가 핵심임을 강조하는 저작이기도 하다.

　　『솔라리스』를 이 같은 시각에서 다시 읽어보면 흥미로운 지점을 발견할 수 있다. 소설은 인간 입장에서 도저히 이해할 수 없는 존재인 '바다'와 만나며 인간 주인공이 겪는 혼란을 묘사한다. 여기서 관점을 바꾸어 바다의 입장에서 자기 영역에 도달한 인간이라는 타자를 어떻게 이해하고 어떤 형태의 소통을 시도했는지 생각해보면 흥미로운 해석이 가능하다. 인간 사이에서 관계를 맺으려는 첫 단계로 선물이 중요한 의미를 지니듯이, 작품에 등장하는 '손님'을 바다가 보낸 '선물'로 해석해보는 것이다. 실제로 작품의 등장인물 중 하나인 과학자 스나우트는 이와 비슷한 생각을 내비친다.

"어떤 의미에서 바다는 우리의 정신에서 봉인되고, 은밀히 감춰진 부분이 욕망하는 것들에 주목했을지도 모르네. 어쩌면 그것은 선물이었을지도……"

[……] "바다는 그 안[인간의 머릿속]에서 가장 선명하게 새겨져 있는 것, 가장 폐쇄적이고 가장 깊숙이 각인되어 있던 것을 끄집어내는 거야, 알겠나? 그러나 그것이 우리에게 어떤 가치와 의미를 부여하는지에 대해서는 바다로서는 전혀 알 필요가 없는 것이지."[13]

인간의 기억 속 깊숙한 영역까지 들춰보는 능력을 지닌 바다가 보낸 손님은 그 인간이 의식적으로든 무의식적으로든 가장 강렬하게 욕망해온 인물이기도 하다. 그런데 바다는 인간에게 해당 인물이 어떤 존재인지는 알 수 없다. 인간의 마음과 기억을 읽어내는 건 가능하지만, 그 기억 속 존재가 어떤 맥락에서 깊이 각인되어 있는지는 모르기 때문이다. 그렇기에 가장 은밀히 감춰져 있던 욕망의 대상이 눈앞에 나타났을 때 인간이 어떤 감정을 느낄지는 모른 채, 바다는 자신 앞에 나타난 인간이라는 타자에게 일종의 선물을 보내 관계 설정을 타진하는 것인지도 모른다.

　　하지만 비평가 마크 피셔(Mark Fisher)의 적절한 지적처럼 바다의 선물은 의사소통 실패가 부적절하게 조합될 때 발생하는 으스스한 난국으로 이어진다. 기억의 독해라는 거대한 힘을 부여받은 바다가 슬픔의 본질을 끔찍하게 오해한 나머지, 인간의 '소망'이라 생각한 걸 이뤄주려 한 결과물이 '손님'이라는 선물인 셈이다.[14] 어떤 점에서 보면 『솔라리스』가 그려내는 의사소통 실패는 호혜적인 관계 형성에 기여하는 선물교환에 주목한 논의들이 놓친 지점을 독특한 형태로 보여주는 예시이기도 하다. 인류학자 이승철에 의하면 선물교환이 유대 관계를 창출한다는 논리는 선물과 사회가 서로를 전제하고 있다는 역설로 귀결될 수밖에 없다.[15] 사회, 즉 집단 간의 관계가 선물교환으로 생성된다면, 선물의 답례와 교환을 보장하기 위해 사회 자체가 그 바깥의 힘으로 이미 작동하고 있어야 한다는 것이다. 선물에 의해 관계를 만들어내려면 관계가 미리 존재해야 한다는 건 분명한 아이러니다.

　　『솔라리스』가 보여주듯이 서로에 대한 이해가 부재

한 상태에서 절대적으로 낯선 타자를 향한 선물은 적절한 유대 형성으로 이어지기 어렵다. 애초에 무엇을 선물로 여길 수 있는지에 대해 사전 이해가 전제되지 않은 채로는 주는 이의 의도를 제대로 전달하기 어려운 것이 선물이다. 선물교환의 바탕이 되는 호혜성(reciprocity), 즉 내가 누군가에게 무언가를 주었을 때 상대가 그에 상응하는 보답을 하리라는 논리는 결국 타자를 자신의 거울로 삼아 대하는 태도일지도 모른다.[16] 낯선 타자를 온전히 이해하는 건 불가능하다는 사실을 먼저 인정하는 것이야말로 타자와의 소통을 위한 첫걸음인 셈이다.

돌아와야 할

순례자가

돌아오지
않는다면

「순례자들은
왜 돌아오지 않는가」와
통과의례

돌아오지 않는 순례자의 비밀

여기 '마을'이라 불리는 장소가 있다. 지구 밖 가상의 장소인 마을이 구체적으로 어떤 시간대, 어느 공간에 있는지는 알 수 없지만 적어도 우리에게 익숙한 방식의 삶을 영위하는 곳은 아닌 것으로 보인다. 눈에 띄는 건, 이곳이 마치 고전적인 인류학 민족지에 등장하는 부족사회처럼 엄격한 성년식 의례를 거행한다는 점이다. 열여덟 살이 된 청소년이라면 누구나 '시초지(始初地)'라 불리는 곳으로 한 해 동안 순례를 떠난다. 남녀노소를 불문한 주민들의 화려한 배웅 의식 아래 마을을 떠난 이들은 영웅처럼 마을로 돌아온 뒤에야 어엿한 성인으로 인정받을 수 있다. 그런데 성년식 의례를 위해 떠난 순례자 모두가 돌아오는 건 아니었다. 돌아오지 않은 순례자의 수는 적지 않았지만, 이들의 존재는 자연스러운 양 마을 사람들에게는 곧 잊혀갔다. 도대체 이들에게는 성년식 순례 동안 무슨 일이 있었던 걸까.

김초엽의 첫 단편집『우리가 빛의 속도로 갈 수 없다면』[1]은 SF라는 틀을 활용해 타자와 소수자에 관한 이야기를 풀어내는 방식이 인상적이다. 이 책의 첫 번째 단편인 「순례자들은 왜 돌아오지 않는가」는 위에서 소개한 마을의 성년식 순례에 관해 의문을 품은 데이지가 보낸 편지로부터 시작한다. 데이지는 마을의 순례 의식을 만든 올리브가 남겨둔 기록을 소개하며 순례의 비밀을 밝힌다. 또 다른 과거의 인물, 마을의 설립자인 릴리에 대해 알아내기 위해 지구로 향한 올리브의 기록은 마을이 처음 생겨난 배경과 더불어 성년식 순례가 어떻게 해서 시작되었는지 알아내는 실마리를 제공한다.

이 작품에서 인류학자인 내 눈길을 잡아끈 건 '순례(pilgrimage)'라는 행위가 이야기의 설정과 진행 과정에서 차지하는 역할이었다. 뒤이어 살펴보겠지만, 순례를 비롯한 의례(ritual)에 관한 인류학 연구에 의하면 의례를 마친 뒤 다시 일상으로 '돌아와야 하는 의무'가 순례자에게 부과된다. 따라서 순례를 마친 뒤에도 돌아오지 않는 순례자가 존재한다는 작품의 설정은 일반적인 의례 진행에 뭔가 문제가 발생했음을 의미한다. 혹은 순례에서 돌아와야 하는 의무를 지키지 않아도 되는 모종의 이유가 존재한다는 암시일 수도 있다.

소설 초반부에서 데이지는 마을의 성년식 순례가 어떤 위험한 요소를 포함하고 있을지도 모른다고 추측한다. 시초지에서 위험한 일을 겪은 일부의 순례자가 돌아오지 못하는 불상사에 놓이게 된 건 아닌지 의문을 던진 것이다. 데이지는 과거 인류의 성년식에 관한 문서를 토대로, 아이가 어른으로 받아들여지기 위해 가혹한 시련을 통과하는 과정이 성년식 의례 자체에 내포된 속성일지도 모른다고 짐작한다. 실제로 세계 각지의 다양한 의례 행위를 분석한 인류학 연구를 보면 종교 의례나 순례 대부분이 일상으로부터 분리된 특수한 상태로의 변화를 중간 과정으로 포함한다. 돌아오지 않는 순례자의 비밀을 밝히기에 앞서, 현실 세계의 의례가 어떤 속성을 가졌는지 인류학의 렌즈를 통해 먼저 들여다보자.

통과의례의 전이적 성격과 순례자의 의무

인류학에서 의례를 다룬 대표적 연구로는 빅터 터너(Victor Turner)의 작업을 꼽을 수 있다. 『의례의 과정』[2]이나 『인간 사회와 상징 행위』[3], 『상징의 숲』[4] 등의 저작을 통해 터너는 의례의 반구조(anti-structure)적 성격을 조명했다. 순례는 종교적 의례의 한 형태로, 사전적 의미로는 '종교적 헌신 행위로서 어떤 신성한 장소로 향하는 여정'을 뜻한다. 터너에 의하면 순례는 구조화된 사회적 삶에서 벗어나 순례자의 의무를 따르는 여정으로, 익숙한 일상에 머무르는 삶과 대비되는 낯선 방랑의 경험을 가리킨다.

　　「순례자들은 왜 돌아오지 않는가」와 관련하여 특히 주목할 만한 지점은 순례가 지닌 전이적(liminal) 특성에 관한 터너의 논의이다.[5] 소설은 마을에서 매년 치르는 순례를 성년식의 절차로 설정하는데, 실제 현실 세계에서도 성년식은 출생과 결혼, 죽음 등 인간이 일생에서 거치는 단계마다 경험하는 '통과의례(rites of passage)'의 대표적인 사례이다. 터너는 순례가 통과의례의 성격, 무엇보다도 성년식 의례로서의 성격을 지니고 있다고 주장한다. 익숙한 장소를 떠나 낯설고 멀리 떨어진 공간으로 갔다가 다시 익숙한 장소로 돌아오는 순례의 과정은 또 다른 인류학자 아르놀드 방주네프(Arnold van Gennep)가 제시한 통과의례에 관한 분석[6]에 상응하기 때문이다.

　　방주네프는 문화마다 다소 차이가 있을 뿐, 기본적으로 통과의례가 분명히 구분되는 세 단계로 이뤄져 있음을 밝혔다. 그의 표현에 따르면 '전-전이(pre-liminal)', '전이(liminal)', '후-전이(post-liminal)' 상태로 불리는 각각의 단계는 기존 사회구조와의 관계를 기준으로 '분리'와 '전이(轉移)', '재통합'에 해당한다. 우선 첫 번째 단계인 '분리'는 일상의 시간과 공간으로부터의 분리를 뜻한다. 통과의례에 참여하는 자들은 세속적 시공간으로부터 분리되어 신성한 시공간으로 들어서는 상징적 행위를 체험하기 때문이다. 다음 단계인 '전이'에서 이들은 기존의 사회적 지위에서 완전히 벗어나 사회적으로 불확실한 상태에 놓인다. 그리고 마지막 단계인 '재통합'을 거치며 통과의례 이후 사회에서 새롭게 부여한 안정된 위치로 다시 돌아가게 된다.

　　이렇듯 통과의례는 분리-전이-재통합이라는 3단계의 과정을 거쳐 신참자를 기존의 지위에서 다른 사회적 지위로 옮겨놓는 기능을 수행하는데, 터너는 이 같은 통과의례의 시공간적 이행 구조가 순례 과정에서 순례자의 경험에 대응한다고 보았다. 더 나아가 그는 순례를 부족사회의 성년식 의례로부터 비롯되어 제도화된 상징적 형식으로 간주하기도 했다. 그 점에서 순례를 마을의 공식적인 성년식 의례로 다룬 「순례자들은 왜 돌아오지 않는가」는 순례가 지닌 통과의례로서의 성격을 포착해 그려내고 있는 셈이다.

　　소설 속에서 돌아오지 않는 순례자들의 존재 역시 순례 과정의 독특한 특성, 즉 '전이' 단계에서의 불확실성을 통해 짚어볼 수 있다. 이를 위해서는 터너의 의례에 관한 논의를 좀 더 깊이 들여다봐야 한다. 터너는 통과의례의 중간

과정인 전이 단계에서 의례 참여자들 사이에 일종의 동지애 감정이 생겨난다고 보았다. 그는 전이 단계를 특징짓는 상태를 '리미널리티(liminality)'■로 명명하고, 일상을 영위하게 하는 사회구조의 견고한 질서를 리미널리티가 흐릿하게 만들거나 소실시킨다고 분석했다. 의례가 진행되는 동안 리미널리티 상태에서 일시적으로 불확정적인 존재가 되는 참여자들은 어떠한 권리도 갖지 못하지만, 동시에 기존의 의무로부터 해방되기도 한다. 이들은 법과 전통, 관습에 따라 지정된 지위 사이에서 어느 쪽도 아닌 애매한 위치, 이쪽에도 없고 저쪽에도 없는 것으로(betwixt and between) 여겨진다.

　이처럼 리미널리티가 지배하는 의례의 중간 단계(전이)에서 발현되는 동지애의 경험에 주목하여 터너가 제안한 개념이 바로 '커뮤니타스(communitas)'다. 터너에 따르면 커뮤니타스는 서로 평등한 개인들로 구성된, 아예 조직되지 않거나 조직으로서 완전치 않은 집단 양식을 가리킨다. 집단 구성원들 간의 차이와 사회적 위치를 유지하며 그들의 행동

■　'문턱'을 뜻하는 라틴어 līmen에서 유래한 표현이다.

을 제약하고자 하는 기존의 사회구조와 달리, 커뮤니타스
는 의례 참여자들을 규칙과 관습에 대한 순응으로부터 해
방한다. 이처럼 커뮤니타스와 리미널리티는 세속의 사회적
관계를 중단시키며 기존의 사회적 질서를 전도하는 상황을
초래할 수 있다.

부족사회의 의례에서 남성과 여성의 역할 전도를 다
룬 인류학의 민족지 연구는 이런 양상을 잘 보여준다. 남아
프리카의 줄루(Zulu)족을 비롯한 여러 부족사회의 일부 의
례에서는 기존 사회구조에서 남성들이 지니고 있던 지배적
인 지위가 뒤집히는 현상이 나타난다. 인류학자 맥스 글럭
먼(Max Gluckman)은 병충해나 기근, 가뭄과 같은 자연재해의
위협에 처했을 때 줄루족이 치르는 의례를 소개한다. 이들
은 집단 내에서 핵심적인 위치를 지닌 남성들이 신이나 조
상의 불만을 사거나 사회와 자연 간의 균형을 파괴하여 자
연재해를 초래했다고 믿는다. 이런 상황에서 사태를 정상으
로 회복시킬 수 있는 건 기존의 사회구조에서 낮은 신분을
가진 사람들, 즉 젊은 여성들이다.[7]

평상시 아버지나 남편의 지배를 받던 젊은 여성들은

의례가 진행되는 동안 평소라면 용인되지 않을 행동을 수행한다. 남자 옷을 입고 암소 떼를 몰며 젖을 짜는 등 원래는 남성에게만 허용된 목축 활동에 나선다. 혹은 나체로 나타나 노래를 부르거나 조롱하듯 음란한 동작을 하기도 하는데, 의례가 진행되는 동안 성인 남자나 소년들은 숨어 지내야 하며 의례 장소 근처에 나타나지 못한다. 이에 대해 터너는 의례에서 여성들이 평소 높은 지위를 가진 남성들의 의복과 장비, 행동 양식을 짧은 기간 동안 상징적으로 강탈하여 남성에 의해 파괴된 자연과 사회의 질서를 회복시킨다고 분석한다.

이렇듯 의례의 전이적 성격은 사회구조에 균열을 일으키는 전복적 에너지로 작동할 수 있는 가능성을 지닌다. 소설 속 순례자들이 순례 기간에 겪는 일상으로부터의 분리, 낯선 곳으로 방랑하는 등의 경험 역시 인류학적 관점에서 보자면 리미널리티와 커뮤니타스라는 전이 단계로의 전환을 의미한다. 그리고 그 안에서 모종의 이유에 따라 순례로부터의 이탈이라는 극단적인 선택(기존 사회구조의 유지라는 측면에서 볼 때)이 등장한 것으로 볼 수 있다. 그런 선택 역시 의례의 중간 단계가 지닌 독특한 전이성으로 인해 가능하다는 것이다.

     여기서 한 가지 주의할 점은, 이른바 전통사회의 의례와 그 과정에서 등장하는 리미널리티가 사회 전체의 시각에서 봤을 때 해당 사회의 기존 구조를 완전히 뒤엎을 수는 없다는 사실이다. 전통사회의 의례는 중간 과정(전이)을 통해 일시적으로 사회의 기존 질서와 구조를 전도시키기는 하지만, 종국에는 '재통합' 단계를 거치며 전통적 질서로 사회를 다시 통합시키는 양상이 반복된다. 어찌 보면 부족사회에서 행해지는 의례에서는 평상시에 유순하게 관습을 지켜온 사람들이 자신들의 개인적 기질과는 무관하게 리미널리티 상태 동안 '무질서하게 행동해야 하는 의무'를 안게 된다고도 볼 수 있다. 그리고 결국 기존 사회구조로의 재결합이라는 결과를 맞이한다. 따라서 순례자에게는 순례를 마치고 반드시 되돌아올 것이 의무로 부과된다. 바로 이 지점에서 「순례자들은 왜 돌아오지 않는가」의 순례는 인류학의 현실 민족지 사례와 차이가 있다.

돌아오지 않는 순례자의 진실

다시 '마을'의 성년식 순례로 돌아가보자. 데이지가 밝혀낸 마을의 기원과 성년식 순례를 둘러싼 의문은 작품의 사실상 주인공인 올리브의 탄생과 얽혀 있었다. 올리브가 마을 도서관에 남긴 기록에 따르면, 올리브는 오래전 지구에서 활동한 생명공학자이자 바이오 해커인 릴리의 클론 배아로 탄생했다. 데이지와 올리브가 자란 마을의 설립자이기도 한 릴리는 유전자 편집 기술을 바탕으로 인간배아 디자인을 완벽하게 해낸 과학자이다. 릴리가 자신의 연구 결과를 누구나 활용할 수 있도록 온라인에 공개한 이후 신체적 흠결이 없도록 설계된 아이들이 한 세대를 이룰 만큼 많아졌다. 인간배아 디자인으로 만들어진 아름답고 유능하고 질병이 없으며 수명이 긴 새로운 인류는 '신인류'라고 불렀다. 결국 작품 속 지구는 어떠한 결함도 없는 신인류와 신인류로 태어나지 못한 '비개조인'으로 나누어졌고, 비개조인을 향한 차별과 멸시가 당연시되는 세상이 도래했다.

하지만 릴리가 처음부터 이런 세상을 원한 건 아니었

다. 얼굴에 커다란 얼룩이 생기는 유전병을 지닌 채 태어난 릴리는 자신의 기술을 활용해 신생아에게 어떠한 질환도 갖지 않고 뛰어난 형질로만 이루어진 생명을 부여하는 게 일종의 선행이라 믿었다. 자신의 작업이 세상을 위한 옳은 행위라고 믿었지만, 결과적으로 배제와 차별이 만연한 세계를 낳고 말았음을 깨달은 릴리는 대신 새로운 유전자 연구에 돌입했다. 무결점의 신인류로만 이루어진 세상이 아니라, 어떤 신체적 결함을 가진 채 태어나도 아무런 문제가 되지 않는 일종의 유토피아를 만들고자 한 것이다. 소설은 올리브의 목소리를 빌려 이렇게 말한다.

> 그녀[릴리]는 얼굴에 흉측한 얼룩을 가지고 태어나도, 질병이 있어도, 팔 하나가 없어도 불행하지 않은 세계를 찾아내고 싶었을 것이다. 바로 그런 세계를 나[올리브]에게, 그녀 자신의 분신에게 주고 싶었을 것이다. 아름답고 뛰어난 지성을 가진 신인류가 아니라. 서로를 밟고 그 위에 서지 않는 신인류를 만들고 싶었을 것이다. 그런 아이들로만 구성된 세계를 만들고 싶었을 것이다.

지구 밖에 '마을'이 존재하는 것은 그녀의 연구가 성공했다
는 증거이기도 하다.

[……] 마을에서 사람들은 서로의 결점을 신경 쓰지 않았다.
그래서 때로 어떤 결점들은 결점으로도 여겨지지 않았다.
마을에서 우리는 서로의 존재를 결코 배제하지 않았다.[8]

그렇다면 이런 의도로 만들어진 마을에서 순례의 역
할은 무엇일까. 앞서 살펴본 인류학 논의처럼 성년식 순례
가 분리-전이-재통합 단계를 거쳐 마을의 사회구조를 재생
산하는 데 이바지한다는 건 분명하다. 순례는 성년을 맞이
한 아이들로 하여금 반드시 한 번은 마을이라는 유토피아
를 떠나(분리) 순례의 의무를 수행하며 바깥세상은 어떤지
확인(전이)하도록 한다. 이를 통해 마을에서 태어나 차별과
배제를 모른 채 자란 아이들이 자신들만의 세계가 지닌 참
된 의미를 깨달은 채 다시 마을에서 살아가도록(재통합) 해
주는 역할인 셈이다.

하지만 전통사회에서 '돌아와야 하는 의무'가 부과되
는 통과의례로서의 순례와 달리, 마을의 순례에서는 돌아오

지 않는 이들이 존재한다. 이에 대해 소설은 아름다운 마을의 평화와 보호를 벗어나 바깥세상의 끔찍한 현실에 맞서기로 한 일부 순례자의 선택을 그 이유로 제시한다. 순례를 떠나 지구에서 사랑하는 사람을 만나고, 그들을 향한 억압과 차별에 함께 맞서기로 한 자들의 존재가 바로 '돌아오지 않는 순례자'가 뜻하는 진실이라는 것이다. 전통사회의 의례가 전복적 성격과 잠재력을 지녔음에도 불구하고 결국은 기존 사회구조로의 재통합으로 귀결되는 것과는 달리, 소설의 순례자들은 의례에서 이탈함으로써 의례의 중간 과정에서의 전이적 성격을 현실화한다는 점에서 주목할 만하다.

　　그 점에서 「순례자들은 왜 돌아오지 않는가」는 어슐러 K. 르 귄의 단편소설 「오멜라스를 떠나는 사람들」[9]을 상기시킨다. 르 귄의 소설에서 '오멜라스'는 단 한 명의 아이를 제외하면 모두가 행복과 즐거움을 누리는 도시로 묘사된다. 그런데 이 행복은 좁고 어두운 벽장 안에 한 아이가 갇혀 있어야만 가능하다. 오멜라스의 시민은 일종의 통과의례로 일정 나이가 되면 벽장 속 아이와 마주해야 하는데, 대부분은 오멜라스에 주어진 행복의 진실을 알아챈 뒤 잠시 슬픔에 잠기지만 결국 다시 일상으로 복귀한다. 아이를 벽장 밖으로 데리고 나와 편하게 해주는 순간 오멜라스가 누려온 행복과 즐거움은 사라지기 때문이다. 이렇게 르 귄의 작품은 '벽장 속의 아이'라는 메타포를 활용해 사회 전체가 누리는 풍요와 행복이 고통받는 누군가가 존재함으로써만 가능하다는 현실을 함축적으로 보여준다.

　　　이 같은 현실에 대해 르 귄의 소설은 어떤 분명한 해법이나 출구를 제시해주지는 않는다. 다만 벽장 속 아이를 보고 오멜라스를 떠나기로 결심한 사람들이 일부나마 존재한다는 걸 밝히며 또 다른 가능성의 공간을 열어둔다. 이 지점에서 「오멜라스를 떠나는 사람들」과 「순례자들은 왜 돌아오지 않는가」는 주제가 맞닿으면서도 결을 달리한다. 전자의 통과의례가 다수의 '정상인'으로만 이뤄진 사회에서 그들의 행복을 지탱하는 불행한 '비정상인'이라는 존재를 깨닫게 해준다면, 후자의 순례는 우리 사회의 통념으로 볼 때 '비정상인'으로만 구성된 사회('마을')의 소수자가 '정상인'들이 주류를 이뤄 '비정상인'을 배제하는 세상을 깨닫도록 한다. 또한 「오멜라스를 떠나는 사람들」이 통과의례에서

이탈하는 이들의 존재를 언급하여 기만과 모순으로 가득한
현실 세계를 혁신하려는 시도를 조심스레 암시한다면, 김초
엽의 소설에서 순례를 이탈하는 자들의 존재는 차별과 배
제가 만연한 세상을 바꾸기 위해 마을이 제공하는 안전과
평화를 뒤로 한 채 직접 행동에 나선 용기 있는 사람들의
존재를 전면에 명시한다.

　　「순례자들은 왜 돌아오지 않는가」가 묘사하는 '마을'
의 모습이 차별과 배제가 없는 유토피아처럼 보이는 건 실
제로 이 작품이 미래를 유토피아로 그려내보는 목적으로 기
획되었기 때문이다. 『우리가 빛의 속도로 갈 수 없다면』에
앞서 이 작품은 열 명의 SF 작가가 유토피아와 디스토피아
를 나누어 쓰는 기획인 '토피아 단편선'의 '유토피아' 편[10]에
먼저 수록되었다. 그런데 김초엽 작가는 「작가의 말」에서 기
술이 발달한 미래의 유토피아를 도저히 상상할 수 없어 고
민에 빠졌다고 토로한 바 있다. 누군가를 배제하지 않는 기
술을 상상하기 너무나도 어려운 현실에서 작가가 찾아낸 답
은 현실 세계를 개선하기 위해서는 반드시 낙관이 필요하다
는, 어찌 보면 단순한 진리였다.

나는 이 시대에는 오지 않을 유토피아를 실현하기 위해 결코 쉽지 않은 길을 가는 사람들을 생각했다. 올리브와 데이지를 지구로 데려온 건 지구를 떠날 수 없는 나를 위로하기 위해서였다. 하지만 지구에는 이미 절망과 고통 가운데서도 서로에게 손을 내미는 사람들이 있다. 그들은 대개 세계의 진실을 최전선에서 마주한다. 그러면서도 함께 맞서기를 선택한다.[11]

2020년대의 오늘을 살아가는 우리 역시 절망과 고통 가운데서도 서로 손을 내미는 사람들을 보게 된다. 물론 아직은 세상의 불편한 진실을 마주하기보다 눈을 감아버리거나 다수의 시선과 입장을 그대로 추종하는 거친 목소리를 더 많이 접하는 게 온·오프라인의 현실이긴 하다. 이를테면 「순례자들은 왜 돌아오지 않는가」의 주제에 해당하는 신체적 결함, 즉 장애를 대하는 사회의 시선을 떠올려보자. 장애 학생이 다니는 특수학교 설립에 반대하는 인근 지역 주민들의 입장이나, 이동권 보장을 위한 전국장애인차별철폐연대의 시위를 향한 온라인 공간의 날 선 반응을 보면 장애인을 향한 주류 사회의 시선이 얼마나 곱지 않은지 알 수 있다. 물론 장애인도 차별받지 않는 사회가 되어야 한다는 명제 자체에 반대하는 사람은 드물다. 하지만 장애인의 권리를 비장애인의 권리보다 앞세운다는 오해 때문에, 비장애인의 머릿속에서 장애인은 이른바 '정상인'의 세계에 피해를 주는 존재로 쉽게 형상화된다. 당연히 보장받아야 할 기본적인 권리를 주장하고 있음에도 말이다.

　　이렇듯 현대 한국 사회에서 장애는 단순히 '정상'의 범주 바깥으로 배치되는 것을 넘어, '정상인'의 세계에 마치 존재조차 하지 않는 것처럼 은폐되기 일쑤이다. 이런 상황을 변화시키기 위해서는 만연한 비장애중심주의를 넘어 실제 현실에서 사람들이 얼마나 다양한 신체를 지녔는지 그 스펙트럼을 인식하는 것 자체가 선행되어야 한다. 어쩌면 우리에게 필요한 건 「순례자들은 왜 돌아오지 않는가」의 성년식 순례나 「오멜라스를 떠나는 사람들」의 통과의례처럼 고통받는 타자의 현실에 눈을 뜨게 만드는 최소한의 사회적 의례인지도 모른다. 기존의 사회구조를 재생산하는 전통적인 방식의 의례가 아니라, 의례에 내재한 전복적 에너지를 현실에서 실천에 옮길 수 있게끔 균열을 일으키는 그런 사회적 의례 말이다.

남자도

아이를
낳게 된다면

「블러드차일드」와
생물학적 재생산의 인류학

「블러드차일드」가 그려내는 낯설고 잔혹한 세계

태양계로부터 멀리 떨어져 고립된 한 외계 행성에 박해를 피해 지구를 떠난 인류의 일부 집단이 식민지를 건설한다. 알고 보니 그 행성은 인류보다 힘과 기술이 우월한 다른 외계 생명체의 터전이었다. 몸길이가 3미터에 달하는 거대한 곤충을 닮은 이들 '틀릭'은 종의 생존을 둘러싼 고민을 안고 있었다. 수정된 알을 다른 생명체의 몸속에 낳으면 알에서 태어난 유충이 숙주의 몸 안에서 일정한 시간을 보낸 뒤 밖으로 나와 성체로 자라는 게 틀릭의 생식 방법이었는데, 문제는 틀릭의 숙주 동물이 착상된 알 대부분을 몸속에서 죽

여버린다는 사실이었다. 그러던 중 이들의 행성에 인간이라
는 생명체가 도착하고 틀릭은 인류를 새로운 숙주로 삼는
다. SF 작가 옥타비아 버틀러(Octavia E. Butler)의 대표적인 단
편소설인 「블러드차일드」[1]는 이처럼 '무서운' 설정을 배경에
두고 이야기를 풀어간다.

　　　인간이 거대 곤충 형태를 지닌 외계 생명체의 번식을
위해 자신의 몸속에 알을 품어 키우는 숙주가 된다는 설정
은 얼핏 보기에 영화 「에일리언」을 연상시키기도 한다. 하지
만 작품의 설정만 보고 다른 소설이나 영화의 아류로 「블러
드차일드」를 이해하는 건 오판이다. 「블러드차일드」에서 인
간 종족에 속하는 주인공은 숙주로서의 운명을 스스로 받
아들이고, 작품은 그 관계를 바탕으로 인간과 외계 생명체
가 상호 공존하는 세계를 묘사한다. 바로 이 점 때문에 「블
러드차일드」는 징그러운 외계 생명체가 등장하는 SF 호러물
도, 인간이 다른 생명체의 숙주가 되어버린 디스토피아물도
아닌 완전히 새로운 이야기로 다가온다. 작가인 버틀러 본
인도 밝혔듯이 이 작품은 어떤 점에서 "아주 다른 두 존재
간의 사랑 이야기"[2]이기도 하다.

　　작품의 두 주인공은 인간 소년 '간'과 그를 '엔틀릭'
으로 삼은 트가토이라는 틀릭이다. 새로운 숙주로 인류를
선택한 틀릭은 인간에게 별도의 보호구역을 제공하고 인간
은 틀릭에게 숙주로서 몸을 제공하는 관계가 성립하는데,
이 관계에서 인간 쪽을 가리키는 표현이 바로 '엔틀릭'이다.
소설은 주인공 간이 어머니와 형제자매가 살아가는 집에
트가토이와 함께 방문한 날 발생한 뜻밖의 사건을 중심으
로 전개된다. 한 남성이 자신의 몸에 나타난 급격한 변화에
괴로워하며 간의 가족이 사는 집 앞에 나타난 것이다. 상황
을 알아차린 트가토이는 주위에 도움을 요청하도록 간의
가족들을 보내는 한편, 간을 조수 삼아 남자의 '출산'을 돕
는다. 낯선 남자의 몸에 생긴 변화는 바로 몸속에 품은 알
에서 부화한 틀릭의 유충이 인간의 몸 밖으로 나오기 전에
보이는 조짐이었던 것이다.

　　일반적이었다면 유충이 인간의 몸에서 부화할 때 틀
릭이 그 곁에 있었을 것이다. 그리고 틀릭이 침으로 인간을
마취시키고 몸을 절개해 유충을 꺼낸 뒤 다시 회복을 도왔
을 것이다. 하지만 간과 트가토이 앞에 나타난 남자를 엔틀

릭으로 삼은 틀릭은 건강이 좋지 않았고, 남자는 홀로 헤매다 진통을 맞이한 것이었다. 제때 몸 밖으로 꺼내지 않으면 숙주의 살을 먹어치우며 피부를 뚫고 나오는 게 틀릭 유충의 본성이었기에, 그걸 막기 위해 트가토이는 남자의 몸을 절개해 유충을 직접 *끄*집어냈다. 그리고 옆에서 트가토이를 도운 간은 그 모든 과정을 생생히 지켜볼 수밖에 없었다.

여기까지의 줄거리만으로는 이렇듯 잔혹한 내용의 작품에서 대체 어떤 부분이 '사랑 이야기'인지 의문이 들 것이다. 작가의 말대로 "아주 다른 두 존재 간의 사랑 이야기"로 「블러드차일드」를 이해하기 위해서는 이 작품이 지닌 매우 독특한 '인류학적 텍스트'로서의 성격을 짚어야 한다. 타문화에 관한 연구를 통해 낯선 것을 익숙하게 하고, 자문화를 향한 성찰을 통해 익숙한 것을 낯설게 만들어 우리 자신에 대한 통찰을 얻는 작업은 인류학 연구의 핵심이다. 이 같은 맥락에서 「블러드차일드」는 인류학적 텍스트라 할 수 있다. 작품 속 사건이 다루는 모든 묘사가 바로 인간의 출산에 대한 은유이기 때문이다. 그것도 출산의 주체를 여성이 아닌 남성으로 바꾼 채 말이다. 작가는 아이를 낳는 주체를 여성에서 남성으로 바꾼 뒤, 출산에 해당하는 은유를 생생하게 묘사함으로써 임신·출산을 신비화하는 문화적 인식과 선입견을 비틀어 드러낸다. 「블러드차일드」의 낯설고 잔혹한 설정이 가능케 한 '남성 임신'을 경유한 통찰을 짚어보기에 앞서, 먼저 임신과 출산을 둘러싼 실제 현실을 인류학적 관점에서 살펴보자.

임신·출산의 과학기술을 둘러싼 문화적 외피

전혜진의 소설 『280일: 누가 임신을 아름답다 했던가』[3]는 현실에서 임신이 여성의 신체와 사회적 위치에 어느 정도로 지대한 변화를 가져오는지 생생하게 보여준다. 실제로 임신으로 인해 여성의 몸에 어떤 변화가 생기는지 당사자가 되지 않고서는 잘 모른다. 임신·출산과 관련한 보편적인 인식은 생명의 신비와 모성의 아름다움에 초점을 맞출 뿐, 태아에게 영양을 공급하고 태아를 보호하는 여성의 몸 없이는 태아가 존재할 수 없다는 기본적인 사실은 쉽게 망각된다.

특히 임신과 출산의 가능성이 거의 없는 남성은 유독 이런 경향을 보인다.

어느 사회든 집단으로서 존속하기 위한 기본 조건은 생물학적 재생산이다. 하지만 재생산의 핵심인 임신과 출산이 여성의 몸을 매개로 하는 동시에 여성의 몸을 배경으로 일어난다는 사실은 사회적으로 은폐되기 쉽다. 대신 임신·출산에 관한 담론은 일반적으로 사회문화적 제도와 규범을 통해 규정된다. 여기에 주목한 인류학적 논의들은 인간의 생물학적 재생산 문제를 여성의 몸을 둘러싼 문화정치의 차원에서 다뤄왔다. 인류학자 김은실은 지구상에 존재하는 사회 대부분에서 모성의 책임과 당위성, 그리고 신성성이 생물학적·사회적·이념적 측면에서 규범화되어왔음을 지적한다.[4] 그 중심에는 여성이 생물학적 재생산을 담당하는 게 당연하고 자연스럽지만, 실제로 여성이 감내해야 하는 임신·출산이라는 구체적인 과정은 특별히 고려하지 않는 인식이 놓여 있음은 물론이다.

이 같은 흐름은 과학이 발달한 현대사회에서도 크게 다르지 않다. 과학적 범주와 지식의 구축에도 문화적인 신념과 가치관이 중요한 역할을 한다. 이를테면 인류학자 에밀리 마틴(Emily Martin)은 난자와 정자의 생물학적 기능에 관한 지식이 형성되는 과정에 적극적이고 공격적인 남성(정자)과 수동적이고 방어적인 여성(난자)이라는 사회적 선입견이 상호작용하고 있음을 밝혔다.[5] 마틴은 1980년대 미국의 생물학 관련 연구논문과 교과서에 등장하는 학술적 표현을 분석하여 생물학계에 만연한 성차별 인식을 드러낸다. 이를테면 사춘기부터 노년기에 이르기까지 지속적으로 정자 생산을 하는 남성에게는 긍정적인 활동력의 이미지가 주어지지만, 여성의 경우 평생 배출하는 난자를 처음부터 모두 갖고 태어난다는 이유로 '비생산적'이라는 부정적인 이미지가 부여된다. 또한 월경을 통해 매달 배출되는 난자의 특성 탓에 여성의 난자는 "낭비적(wasteful)"으로 표현되기도 한다. 이에 대해 마틴은 매일 대략 1억 개의 정자를 만들어내고 그중 절대다수가 체외로 배출되는 남성의 경우 낭비적이라 불리지 않는 사실에 의문을 표한다. 평생을 통틀어 1조 개 이상의 정자가 '버려지는' 생물학적 특성을 지녔음에도 불구하고 말이다.

난자와 정자가 결합하는 이미지가 재현되는 방식 역
시 마찬가지다. 과거에는 마치 적극적인 남성이 여성을 쟁
취하듯이 추진력을 가진 능동적인 정자가 수동적인 난자를
포획하여 수정이 일어난다는 식의 묘사가 많았지만, 이미
1970년대 이래 생명과학 연구는 두 생식세포의 수정이 그
런 방식으로 진행되지 않음을 밝혀냈다.[6] 하지만 새로운 연
구 성과를 언어로 담아내는 상상의 영역은 여전히 낡은 성
별 이분법에 갇혀 있었다고 마틴은 지적한다. 새로운 과학
적 발견에도 불구하고 학술논문을 작성하는 (남성) 과학자
들의 서술은 난자를 능동적으로 공략하는 정자라는 기존
의 방식에서 크게 벗어나지 못했다. 이 같은 마틴의 분석은
최신의 생물학적 발견이 등장했을 때, 이에 대한 과학적 설
명은 기존의 문화적 인식에서 완전히 자유롭지 못하다는
사실을 잘 보여준다.

다소 다른 형태지만, 산부인과에서 활용되는 초음파
기술 역시 생물학적 재생산을 둘러싼 선입견의 형성에 이바
지한다. 초음파 기술을 통해 영상화된 태아 이미지에서 임
신·출산의 실질적인 주체인 여성의 몸이 겪는 실제 변화는

크게 드러나지 않기 때문이다. 이에 대해 김은실은 태아를 영상으로 이미지화하는 의료 담론이 여성의 몸과 자궁을 일종의 컨테이너(용기)로 재현해내고, 태아를 임신한 여성의 몸으로부터 별도로 분리된 주체로 인식하게끔 한다고 지적한다.

> 태아는 사회 공간 속에 자율적으로 존재하는 유기체가 아니라 영양을 공급하는 탯줄, 여자의 자궁과 몸이 없이 그 자체로서는 아무것도 생명을 경험할 수 없다. 초음파를 통해 제시되는 태아 이미지나 모니터로 영상화되는 태아의 이미지는 우주 공간에 혹은 마치 사회 속에 자율적으로 존재하는 개체처럼 태아를 재현한다. 여기에서는 누가 어디에서 태아를 어떻게 왜 이미지화를 했는가 하는 문제와 어떤 방식으로 태아의 움직임과 모습이 해석되고 있는가 하는 점이 전혀 고려되지 않는다.[7]

한국의 불임 클리닉에 관한 인류학자 강지연의 논의[8]는 임신과 출산에 과학기술이 개입하는 방식이 해당 사회의 문화적 가치를 반영한다는 사실을 보여주는 또 다른 사례다. 불임 클리닉에서 불임 치료는 크게 '자연임신', 인공수정, 시험관수정의 세 단계로 이루어진다. 현 단계의 치료가 실패하여 다음 단계로 넘어갈 때마다 의료진은 실패 원인을 설명하며 새로운 시술법을 시도해보도록 환자를 설득한다. 이때 주목할 지점은 '자연'이라는 수사가 시술법과 접합되는 방식이다. 정확한 배란일 예측을 활용해 성관계 날짜와 그 빈도가 처방으로 제시되는 치료 초기에는 여성과 남성의 성행위 결과로 이루어진 임신을 자연임신으로 간주한다. 한편 초기 치료가 실패한 뒤 인공수정 시도를 거쳐 시험관수정으로 넘어가게 되면 자연임신의 범위는 인공수정으로 확대된다. 체외에서 생식세포를 수정시켜 몸에 넣어주는 시험관수정과 달리, 인공수정은 배란유도제 복용과 호르몬 주사를 활용하는 방식을 가리킨다. 난자와 정자가 수정되는 과정에 의학 기술이 '직접' 개입하지 않는다는 이유로 상대적으로 자연임신에 해당한다고 여기는 것이다. 치료 단계에서 새로운 기술이 개입될 때마다 이전 단계에 '자연'이라는 수사를 부여함으로써 차별화한다.

　이처럼 자연임신의 범주가 단계별로 재조정되는 까닭은 불임의 원인을 자연에 돌리고 기술이 그것을 해결하는 열쇠임을 강조하기 위해서다.[9] 또한 불임 클리닉에서 이전 단계의 시술법이 '자연임신'으로 불리는 건 자연이 양가적인 의미를 지니기 때문이다. 이전 단계의 '자연'은 비효율적이기에 실패 확률이 높아 다음 단계를 시도해야 하는 이유가 되지만, 곧바로 가장 확률이 높은 시험관수정 단계로 넘어가지 않는 건 "그래도 자연이 좋은 것"이라는 가치를 환자와 의료진이 공유하기 때문이다. 이처럼 자연의 양가적이고 모순적인 이미지는, 불임의 원인을 여성의 몸에서 찾고 여성을 '자연'으로 표상하는 또 다른 차원의 문화적 가치와 맞물린다. 이렇듯 과거와는 비교할 수 없이 고도로 발달한 과학기술에도 불구하고 임신과 출산을 둘러싼 선입견과 인식은 여전히 강력한 사회문화적 기제로 작용한다.

신성화된 재생산을 넘어서

이런 사례들은 생물학적 재생산, 즉 임신·출산에 관한 우리의 인식이 최신 과학기술의 등장과는 별개로 사회문화적 틀 안에서 작동하고 있음을 보여준다. 이처럼 인류학적 논의들이 현실에서 당연시되어온 사실을 새롭게 고찰함으로써 우리가 살아가는 세상을 낯설게 볼 수 있도록 만든다면, 낯설게 보기의 또 다른 통로인 SF는 상상을 이야기로 구현함으로써 세상을 낯설게 보도록 한다. 특히 임신과 출산을 둘러싸고 형성되어 있는 선입견과 문화적 인식을 SF만이 할 수 있는 방식으로 절묘하게 뒤틀어 낯설게 보도록 해주는 게 「블러드차일드」다.

이야기를 마무리하기 위해 다시 작품으로 돌아가보자. 「블러드차일드」는 하룻밤 동안의 사건을 묘사하며 인간의 출산에 대해 상당히 직접적으로 은유하고 있다. 낯선 남자의 몸에서 유충을 꺼내기 직전과 직후의 상황을 묘사한 아래의 두 장면은 이 이야기가 무엇을 암시하고 있는지 잘 보여준다.

닫힌 문 앞에 몇 초 동안 서서, 왜 갑자기 겁이 났는지 생각했다. 나는 무슨 일이 일어날지 알고 있었다. 전에 본 적은 없었지만 트가토이가 그림으로 보여주었다. 그녀는 내가 이해할 만한 나이가 되자마자 진실을 알려주었다.[10]

나는 평생 이것이 틀릭과 테란이 함께 하는 좋은 일이며 필요한 일이라 듣고 살았다. 일종의 출산이라고 말이다. 지금까지는 그 말을 믿었다. 나는 출산이 고통스럽고 피투성이라는 사실을 알고 있었다. 하지만 이것은 다른 무엇, 더 나쁜 무엇이었다. 나는 그것을 볼 준비가 되어 있지 않았다. 어쩌면 결코 준비되지 않을지도 몰랐다. 그런데도 보지 않을 수는 없었다. 눈을 감아도 소용이 없었다.[11]

상대적으로 여성의 몸이 체지방이 많아 유충을 보호하기 좋다는 사실에도 불구하고 틀릭이 숙주로 남성을 택하는 이유는 단순했다. 여성은 인간의 자식을 낳도록 하고, 대신 남성에게 숙주 역할을 맡긴 것이다. 「블러드차일드」는 인간 집단 내에서 임신과 출산을 둘러싼 남성과 여성의 역할을 뒤집는 정도에까지 이르지는 않는다. 지배자의 위치를 점하는 틀릭이 자신의 생식을 위한 숙주 동물로서 인간의 생물학적 재생산을 관리한다는 작품의 설정은, 옥타비아 버틀러의 다른 작품들처럼 「블러드차일드」 역시 노예제도에 관한 은유처럼 보이게 만든다. 하지만 「블러드차일드」에서 주목할 만한 부분은 정교하게 짜인 설정과 실제 현실을 은유하는 에피소드를 통해 여성이 아닌 남성에게도 다른 생명의 탄생을 책임져야 하는 가능성이 주어진다면 어떨지 묻는다는 점이다. 버틀러는 작품 말미에 함께 실린 「작가 후기」에서 이렇게 말한다.

> 「블러드차일드」는 남성 임신에 대한 이야기다. 나는 언제나 남자가 가장 믿기 힘든 그런 위치에 놓이게 되면 어떨지 탐색해보고 싶었다. [……] 나는 사랑의 행동으로 임신을 하게 되는 남자, 환경적인 어려움 때문만이 아니라 그런 어려움에도 불구하고 임신을 선택하는 남자에 대한 극적인 이야기를 쓸 수 있을지 알아보고 싶었다.[12]

　　작품은 현실의 남성이라면 절대 겪을 일이 없는, 임신·출산과 유사한 신체적 가능성을 외계 생명체의 숙주라는 독특한 장치를 활용해 남성에게 배치한다. 그리고 그를 둘러싼 진실(작지 않은 신체 변화와 함께 엄청난 고통이 수반된다는 사실)을 깨닫고 나서도 남성이 같은 선택을 할 수 있는지 고찰한다. 이는 '낯설게 보기'라는, 인류학과 SF가 공유하는 접근법을 이중으로 활용한 서술이다. 여성이 아닌 남성으로 임신·출산의 주체를 뒤집는 게 그 첫 번째 단계라면, 두 번째 단계에서는 신비하고 아름답게 그려지기 일쑤인 출산을 글이나 그림으로 배우는 것보다 훨씬 "고통스럽고 피투성이"인 행위로 묘사함으로써 낯설게 보기를 완성한다. 이처럼 임신과 출산의 진실을 노골적으로 드러내는 서술은 「블러드차일드」라는 작품이 생물학적 재생산과 관련한 기존의 논의에서 한 걸음 더 나아가는 지점이다.

　　버틀러는 외계 생명체의 숙주가 된 인간 남성이라는 설정을 통해 자신의 몸에 새로운 생명을 받아들인다는 생물학적 생식의 기본 원리가 얼마나 낯설고 힘든 일인지 자문하게끔 만든다. 그러나 작품을 통해 버틀러가 의도하는 바는 단순한 남성과 여성의 역할 전도가 아니다. 주인공 간은 예기치 않게 틀릭과 인간 사이에 놓인 '진실'을 직접 목격하고서도 트가토이와의 신뢰를 바탕으로 자신의 처지를 받아들인다. 그러니까 버틀러는 자신의 몸이 겪을 변화를 어느 정도 이해하면서도 임신을 선택하는 여자들처럼, 남자들 또한 비슷한 상황에서 임신과 출산을 선택할 수 있는지 묻는 것이다.

이 질문에 대한 「블러드차일드」의 답은 긍정적이지만, 여기에는 전제가 있다. 임신과 출산이 지금처럼 구체적으로 인식되지 않는 은밀한 일로 남아 있어서는 안 되고, 그 실체를 모두가 충분히 알아야 한다는 것. 작품 말미에 버틀러는 간과 트가토이의 대화를 통해 이를 내비친다. 이는 곧 사회문화적 규범의 외피를 두른 채 신성화된 재생산이 아니라, 임신·출산이라는 현실을 날것 그대로 받아들일 필요성에 대한 강조인 셈이다.

"출산을 보고도 잘 받아들이는 테란[인간]은 본 적이 없어. [……] 테란들이 보지 못하게 보호해야 해."

나는 그 말이 마음에 들지 않았다. 그리고 가능하리라 생각
하지도 않았다. "보호하지 말아요. 보여줘요. 어린아이였을
때 보여주고, 한 번 이상 보여줘요. [……] 고통과 공포와 어쩌
면 죽음까지도요."[13]

과학기술학자 임소연은 지금까지 수많은 여성의 임
신을 통해 인류가 유지됐음에도 임신은 여전히 신비로운 영
역에 맡겨져 있다고 지적한다.[14] 그로 인해 임신에 따른 몸
의 변화와 위험 역시 모성이라는 이름 아래 감내해야 하는
일이 되어왔음은 물론이다. 임신과 출산을 둘러싼 진실은
더 이상 사회문화적으로 신성화할 대상이 아니다. 생물학적
재생산 과정 전반에 관한 제대로 된 교육이 중요한 이유도
결을 같이한다. 이런 관점에서 보면 2023년 하반기부터 한
국 사회에 불어닥친 '청소년 유해 도서' 논란이 얼마나 어이
없는 일인지 알 수 있다. 일부 보수 단체 주도로 공공 도서
관과 각 학교에 성교육 관련 도서를 폐기하라는 압박이 이
어지며 느닷없이 금서 논란이 불어닥쳤다. 하지만 아무리
감추어도 완전히 '보호'될 수 없는 게 재생산의 진실이며,

감추면 감출수록 잘못된 정보에 쉽게 노출될 뿐이다. 「블러
드차일드」의 낯선 이야기는 우리의 현실로부터 그렇게 멀리
떨어져 있지 않다.

가상 민족지 ①

인류학 민족지로
다시 써보는
『시녀 이야기』

지금까지 몇 편의 글을 통해 SF소설을 인류학적으로 다시 읽어보았다면, 여기서는 반대로 SF소설을 마치 인류학자가 모은 연구 자료인 것처럼 가정하고 그를 바탕으로 가상의 '민족지'를 써보고자 한다. 첫 번째 가상 민족지는 마거릿 애트우드(Margaret Atwood)의 『시녀 이야기』[1]를 소재로 삼았다. 이 작품은 2017년 미국의 비디오 스트리밍 서비스 훌루가 시리즈물로 제작해 ■ OTT 독점작으로는 최초로 에미상 최우수작품상(드라마 부문)을 수상했다. 1985년 발표된 소설을 원작으로 한 드라마가 소설이 나온 지 30여 년이 지난 최근 주목받게 된 건 무엇보다도 원작에 담긴 이야기와 설정이 무서울 정도로 현재성을 지니고 있기 때문이다. 그 배경에는 2017년 도널드 트럼프의 미국 대통령 취임 이후 미국에서 정치적·사회적으로 광범위하게 진행된 반동적 움직임이 놓여 있다.

     『시녀 이야기』는 2000년대 초반 환경오염과 질병, 전쟁 등으로 인해 출생률이 급격히 감소하는 가상의 상황을

■　　국내에는 「핸드메이즈 테일」이라는 제목으로 소개되었다.

배경으로 한다. 혼란에 빠진 2000년대 초반의 미국 사회를 근본주의 개신교 세력이 장악하고 이들은 '길리어드'라는 이름의 극우 전체주의 국가를 새로 수립한다. 가부장제와 성경을 중심으로 사회를 완전히 재편한 길리어드는 여성이 쟁취해낸 자유와 권리를 다시 박탈하고 모든 여성을 '기능'에 따라 분류해 통제한다. 작품의 핵심인 '시녀'는 인간의 생식 능력이 감소한 세계에서 출산이 가능한 소수의 여성 집단으로, 국가를 지배하는 고위층 부부에게 '배급'되는 존재이다. 여성을 오직 생식 기관을 가진 도구로 보는 전체주의 사회의 등장이라는 설정은 소설 출간 직후부터 독자들에게 충격을 주었다. 그리고 이 설정은 앞서 언급한 것처럼 여성 인권을 둘러싼 최근의 반동적 상황과 맞물리며 『시녀 이야기』가 여전히 시의성을 지닌 작품임을 증명하는 계기가 되었다.

　　이어지는 가상 민족지에서는 역시 가상의 시점인 2024년을 기준으로 길리어드 외부의 연구자가 길리어드를 방문하여 진행한 인류학 연구의 결과물(물론 이 역시 '가상'이다.)을 다룬다. 길리어드가 외부에 매우 폐쇄적이라는 설정상 연구자는 신분을 가장하여 현장에 들어간 것으로 되어 있는데, 사실 이는 실제 인류학 연구에서는 금기시된다. 현장과 밀착하여 깊이 있고 내밀한, 때로는 무척 사적인 자료를 수집하곤 하는 인류학자에게 연구 윤리의 엄격한 준수는 매우 중요한 지침이다. 다만 이 글에서는 예외적으로 『시녀 이야기』라는 독특한 '현장'의 특성을 감안하여 사업차 길리어드를 방문한 남성의 아내 신분으로 현장을 참관하고 연구참여자를 만나 자료를 얻은 것으로 그렸다. 인류학적 분석의 가능성이 무궁무진한 『시녀 이야기』를 '인류학적으로 다시-쓰기' 위한 일종의 고육지책으로 이해하고 읽는다면 좋겠다.

첫 번째 가상 민족지는 전형적인 인류학 연구논문의 방식으로 서술되었다. 이 책에 실린 다른 글들에 비해 다소 딱딱한 문체가 읽기를 방해할 수도 있겠으나, 이 역시 인류학적 글쓰기를 패러디한다는 목적에서 의도된 서술이다. 실제 인류학자들이 대중과의 소통을 위해 칼럼이나 단행본을 저술하기에 앞서, 학계 내부에서 어떤 방식의 학술적 글쓰기를 수행하고 발표하는지 살펴볼 수 있으리라 생각한다.

　　다른 두 편의 가상 민족지도 마찬가지지만, 이 글의 경우 『시녀 이야기』를 읽어본 독자라면 더욱 흥미롭게 읽을 수 있을 것이다. 물론 아직 읽지 않은 독자도 앞서 소개한 작품의 배경만으로 어렵지 않게 내용을 파악할 수 있으리라 본다. 그럼 이제부터 『시녀 이야기』 속 등장인물들의 이야기를 인류학자의 시선으로 다시 만나보자.

2010년대 중반 이후 길리어드 '시녀'들의 일상적 대응: 몸을 매개로 발현되는 출산 이데올로기의 폭력

1. 들어가며: 연구의 배경 및 목적

2000년대를 전후하여 북미 대륙에서 일어난 일련의 변화들은 소위 '신시대' 또는 '길리어드(Gilead) 시대'로 대표되는 흐름으로 통칭되어왔다. 길리어드 당국은 이른바 '구시대'를 배경으로 일어난 '국가적인 위협 세력'에 맞서는 '테러와의 전쟁'에서 이러한 흐름이 시작되었다고 공표한 바 있다. 그러나 당시 사적인 영역에까지도 극우 단체들이 정치적 발언권을 얻음으로써 이러한 개입이 테러와의 전쟁을 내세운 국가 정책과 결합해왔다는 보고가 여럿 있었다. 이것이 구체적으로 어떻게 길리어드 시대로 이어졌는지, 또한 어떻게 이토록 단기간에 빠른 변화가 일어났는지를 명확히 밝히기란 어렵다. 그러나 미국 동부에서 여러 차례 발생한 원전 사고, 그리고 동일한 지역을 배경으로 감염이 빠르고 치료가 어려운 성병이 광범위하게 확산된 점이 크게 작용하였으리라는 의견이 지배적이다. 실제로 당시 상황을 '대재앙'이라 명명하며 시작된 계엄 독재 정치는 장기간 지속되었다. 계엄 체제 아래에서 '국가적 청소'를 위시한 파괴 행위와 재판들은 구시대의

대도시를 중심으로 여러 차례 행해졌다. 이후 미국 동부는
2010년대 초반을 전후하여 몇몇 주가 하나의 단위로 묶여
폐쇄되었으며 이 과정에서 수립한 네 개의 거대 구역 중 하나인
북부의 공업·농업 지역이 길리어드의 전신이다.

　　　　　이 시기에 혈맹을 자처하는 거대 교회들이
동시다발적으로 등장하면서 이전에 비해 더욱 노골적으로
성·인종차별적 구호들을 내걸기 시작하였다. 당시를 배경으로
한 역사적 연구에서 공통으로 언급하는 점은 크게 다음과
같다. 이들 거대 교회는 교회 건물이나 체육관 등의 공공시설을
거점으로 생활 구역을 점유하는 방식으로 세력을 확장해갔다.
2010년대 중반 이후 구시대의 정부나 여타 기관은 거대 교회를
통제할 힘을 잃었으며, 교회 운영진은 흡사 자치구와 비슷한
형태로 점차 견고한 구조를 갖추어나갔다. 당시 해당 지역에서
가장 강력한 세력을 지닌 교회는 주변 세력을 통합하여
'길리어드 소국'을 세우고 공포하기에 이른다(길리어드 당국이
'노아의 홍수'라 명명한 사건). 이후 길리어드가 주변 소국들과
연계하는 방식을 경제적·정책적으로 연구한 사례도 여럿 있다.
길리어드의 등장을 전후로 주변 소국들은 크고 작은 충돌을
겪었으나 현재는 많이 잦아든 상태다. 그러나 길리어드는
건국 이후로 현재까지 공식적인 전시 상태를 유지하고 있다.
구시대에 선포한 계엄 또한 상시 유지되고 있다.

　　　　　2024년 현재까지도 길리어드 내부를 사회문화적으로

연구한 사례는 많지 않다. 가장 큰 이유는 길리어드 정부가
해외 연구자들에게 홍보 목적을 제외하고는 내부 연구를
허용하지 않기 때문이다. 실제로 길리어드 정부에서
부적절하다고 판단한 기록이나 영상 자료가 발견될 경우에
연구자는 소지품을 몰수당하고 다시는 입국할 수 없다. 다만
길리어드 정부는 외화벌이를 위해 관광객을 다소 유치하려는
노력을 최근 몇 년간 지속하고 있다.

    연구에 난점이 있음에도 불구하고 길리어드 정부가
공공연하게 선포한 '성경 원리주의 종교 국가'의 면모는
제한적이나마 공개되어왔다. 길리어드 정부는 성경을 생활
원리로 하여 신실한 국민만을 엄격하게 수용한다고 외부에
선언한 바 있다. 이전 연구들은 길리어드 정부가 신분제 및
신체형을 도입했다고 주장하여 충격을 자아내기도 했는데,
이후 몇 년간의 보고와 비공식 촬영물을 통해 이것이 사실임이
드러났다. 최근 길리어드 당국은 이 사실을 대외적으로
인정은 하였으나 오히려 이것을 관광 요소로 홍보하여 논란을
일으켰다.

    최근 몇 년간의 보고에 따르면 길리어드에서 통용되는
신분 체계는 사람들의 '사회적 기능'과 성별을 엄격히
반영한다. 당국의 핵심을 차지한 제정(祭政) 관료들이 가장
상위 신분을 차지하며, 몸에 질병이나 장애가 있는 사람은
자동으로 하위 신분에 편입된다. 이들 '결격자'들은 높은

지위의 가정에서 태어난다고 해도 신분 세습에서 제외된다.
한편 길리어드 당국은 사회주의적 배급제를 시행함과 동시에
전 국민이 공평하게 일자리를 배당받을 수 있다고 홍보한다.
그러나 기존 보고에 따르면 신분에 따라 그가 할당받는
노동의 종류는 엄격하게 제한되어 있다. 예컨대 상급 위정자인
'사령관'은 '정신노동'만을 담당하며 이보다 하위에 있는
간수들은 사령관 휘하에서 이른바 '국민 통제'를 담당하는
식이다. 간수들은 다시 '천사'와 '수호자'로 상하가 구분된다.
그 표현에서 드러나듯이 길리어드의 신분 체계는 정부에서
발간하고 주해한 성경에 나오는 교리와 단어들을 엄격하게
반영하고 있다. 후술하겠지만 이런 식의 '종교적 명명법'은
길리어드가 표방하는 통치 체제의 중요한 부분을 차지한다.

신분제에서 배제되는 사람들도 있다. 예컨대 일명
'함의 아이들(또는 '가나안의 자손들')'은 국가 자치 지구, 즉
'콜로니'로 강제 이주되어 생활하며 길리어드 본국('중심지')으로
돌아오지 못한다. 함의 아이들은 공식적으로 소위 길리어드
민족 또는 '신 이스라엘 민족'과 대조된다. 이 구분은 곧 본국과
콜로니의 장소 구분에 상응한다.∎ 또한 이들과는 별개로
길리어드 당국에 대항하는 반정부주의자, 이른바 이단을 믿는
이들, 동성애자는 (함의 아이들 내부에 배치되기도 하지만) 많은
경우 정부 정책에 따라 사살되어 대중에 전시된다. 사형은
사법적 절차를(인민재판을 포함한다.) 거치지 않고 즉결처분으로

이루어지며 사형 과정 또한 공개된다. 한편 함의 아이들은 콜로니로 강제 이주당해 가장 험한 노동을 담당한다. 몇몇 보고에 따르면 이들을 수용한 시설의 환경이나 노동 강도, 수용자에게 가해지는 통제 방식을 볼 때 콜로니의 운영 목적은 함의 아이들을 절멸하는 데 있다고 보는 편이 설득력 있다.

여성에게 길리어드의 신분제는 다르게 적용된다. 여성들은 신분제에 종속되나 이들의 신분은 남편이나 '주인'의 신분에 따라 끊임없이 조정되고 재배치된다. 기존 연구에 따르면 여성은 남편 유무에 따라 위계가 크게 구분되고 그 내부에서 다시 세분화되어 배치된다. 자료들을 종합해보면 그 위계는 다음과 같다. 1) 남편이 있는 여성, 2) 남편이 있었으나 사별한 여성, 3) 남편을 가질 수 없는 여성 순이다. 이 안에서 여성의 지위는 남편의 신분과 지위에 따라 또다시 세분화된다. 남편을 가질 수 없는 여성들은 다시 '생식 가능한 여성'과 '생식

■ 길리어드 당국이 이스라엘을 고유명사 또는 일종의 수식어로 전유하는 방식은 흥미롭다. 길리어드 건국 당시, 유대인들은 외부로 강제 이주당했으며 본국에 남은 이들은 콜로니로 옮겨졌다. 유대인들은 이른바 '야곱의 아들들'로 선포되어 이민을 선택할 수 있는 기회를 얻었다. 공식적으로 길리어드인의 민족성은 내부에서 신 이스라엘 민족 단 하나로 통합된다. 구시대의 정황을 감안하면 이들의 조상은 다양한 지역 출신임이 확실하지만 길리어드는 외부에 단일민족국가를 표방한다. 길리어드 정부의 정책에서 인종적·민족적 수사가 각종 정치·성별·생식 기능과 결탁하여 임의로 통용되는 방식은 이후 좀 더 면밀하게 살펴볼 필요가 있다. 현실에서 이것은 외모에 기반한 차별과 교묘하게 결합한다.

불가능한 여성'으로 나뉜다. 여기서 가장 중요한 판단 기준은 여성의 자궁 유무와 생리 여부이다. 함의 아이들에 해당될 만한 결격 사유를 지녔다고 해도 생식 가능한 여성이라면 본국으로 들어갈 수 있다. 반면 생식 불가능한 여성은 모종의 선발을 거쳐 본국 또는 콜로니로 달리 배치된다. '생식에 종사하는 것'이 구체적으로 어떤 작업인지는 후술할 예정이다.

　　이처럼 길리어드의 신분은 자연스럽게 발생하는 노화나 장애, 또는 개인의 실책이나 공식적으로 밝혀지지 않은 지침에 따라 끊임없이 아래로 이동하는 형식을 취한다. 특정 신분에 해당하는 사람들은 정해진 규칙과 생활 지침에 따라야 하며 시간이 지나면 필연적으로 '핵심 노동'에서 배제되어 주변부로 강제 이주된다. 때때로 실적을 쌓아 상부로 이동하는 경우도 있지만 이는 아주 예외적이며 현재의 직위를 유지하는 것도 운이 좋아야 가능하다. 구시대에 행한 일도 기록이나 밀고의 형태로 소급되어 처분을 받는 점을 감안하면 길리어드의 신분 체계는 더욱 복잡한 양상을 보인다.

　　앞서 말했듯 여성에게 적용되는 신분 체계는 훨씬 더 유동적이고 불안정한 성격을 띤다. 여성의 신분이 정해지는 과정에 개입하는 요소들이 더욱 다양하기 때문이다. 예컨대 남편의 유무, 남편의 신분, 남편의 실책이나 실적, 구시대의 활동을 포함한 여성 자신의 실적('생산' 또는 '대중 홍보')과 '행실' 등이 그렇다. 때문에 소수의 상류층 여성을 제외한 특정 여성의 신분은 명시되거나 고정되어 있다기보다는 일시적인 상태로 묘사되는 경우가 많다. 실제로 연구자는 길리어드 내부에 거주하면서 여성들의 신분이 끊임없는 일상적 실천과 기호 전유로 만들어진다는 인상을 받았다. 이들의 신분은 입는 옷의 색상과 형태, 신체적 습관과 행위, 접근이 허용된 공간 점유, 의례 등으로 부단히 상호 분리되고 확인된다. 이는 남성에게도 마찬가지이기는 하나 여성의 경우에는 사회적 감시나 신체에 적용되는 규범 등이 상대적으로 매우 엄격했으며 실책에 따르는 비판도 보다 가혹했다. 이는 기존 연구들에서도 확인되는 바이다.

현재 길리어드 여성들의 이야기를 직접적으로 다룬 연구는 전무하다시피 하다. 본 연구는 길리어드 여성의 신분이 끊임없는 표현이나 '수행'의 형태로 구성된다는 점에 착안하여 이에 개입하는 분리와 규제의 일상적 기제들에 주목하고자 한다. 이는 길리어드 정부의 통제와 직접적으로 연계되며, 정부의 통제 정책에서 여성의 몸이 어떻게 전유되는지를 살펴볼 수 있는 작업이기도 하다. 이러한 관점에서 연구자는 구시대에 이어 '시녀'가 만들어지고 배치되는 과정이 핵심적이라 보고 이들을 둘러싼 일상적인 생활 규범과 조건들, 그리고 정책 차원의 규칙들을 복합적으로 살펴보고자 했다. 이어 본고는 시녀들과 직접적인 관계를 맺고 이들과 소통함으로써 외부 체계를 이들이 어떻게 해석하며 대응하는지를 구체적으로 살펴보고자 한다.

2. 연구 방법

연구자는 해외에서 온 사업가의 아내 신분을 얻어 길리어드에
들어갈 수 있었다. 길리어드에서 인류학 연구자 신분은
허용되지 않으며 오히려 재입국에 방해가 될 수 있다는
이야기를 관련 연구자들에게 전해 들었다. 연구 결과물이
나오더라도 빠른 시일 내에 출판한다면 여러 문제에 엮일
수 있다고도 했다. 길리어드 정부 당국의 인도를 받아서
들어간다면 좀 더 수월하게 일이 진행될 수도 있겠지만,
그렇다면 연구자가 접촉할 수 있는 사람은 매우 한정될 터였다.
게다가 연구자 본인이 여성임을 감안하면 연구를 위한 입국
자체가 거부될 수도 있었다. 길리어드에서는 여성 연구자를
인정하지 않는다. 해외 여성 학자나 작가의 저작은 그 내용에
관계없이 '불온서적'으로 분류된다. 고전소설이나 에세이 등을
출판한 사례만 소수 있을 뿐이다.
        연구자는 '라헬과 레아 센터(일명 '레드 센터')', 고위층
대저택 내부, 그리고 지하 조직의 연계망 말단에 접근하여
참여관찰 연구를 수행했다. 연구자의 남편과 사업 관계인
사령관의 대저택에 기거해도 좋다고 허락을 받았으며, 자선을

명목으로 레드 센터를 2주 동안 참관할 기회를 받아 접근은
어렵지 않았다. 그러나 대저택이나 레드 센터 내부에서는
시녀라 불리는 여성들과 접촉하기가 매우 어려웠다. 연구자는
상시 감시를 받았으며 시녀들 역시 연구자와 말하기를 꺼렸다.
본격적인 조사는 모종의 경로를 거쳐 연구자가 과거 시녀였던
여성들을 만나면서 이루어졌다. 이들 중 일부는 길리어드 지하
조직에 가담하고 있었다. 연구를 행한 지역은 구시대까지만
해도 페미니즘 운동의 영향을 강하게 받았으나 이러한 흐름은
길리어드 등장 이후 무화되다시피 했다는 평가를 받고 있다.
그러나 연구자는 길리어드 정부의 감시에도 불구하고 활동을
지속하고 있는 여성 지하 조직원들의 사례를 증언하는 익명의
제보자들을 만날 수 있었다. 연구자는 한 달이 조금 넘는 기간
동안 대저택에서, 그리고 이후 전원에 별장을 얻어 1년 가까이
기거하면서 연구를 수행하였다. 연구참여자들의 이름은 모두
가명 처리했다.

3. '시녀' 되기: '구시대'와의 이별과
'레드 센터'에서의 경험

길리어드가 건국한 이래로 정부는 줄곧 '출산 서비스'를 상류층
남성들에게 제공해왔다. 이는 구시대에서부터 이어져온

출생률 급락을 극복하기 위한 조치로 알려져 있다. 그러나 여타 대리모 제도나 근대 이전의 첩실 제도와는 달리, 남성은 마음에 드는 여성을 자유롭게 고를 수 없으며 시녀와의 관계에서 육체적·정서적 쾌락을 추구하는 것도 원칙적으로 금지되어 있다. 길리어드 정부는 구시대의 자료를 통해 '결함'이 있다고 판단한 여성들을 색출한 뒤, 이들을 일종의 교육 센터라 불리는 곳에서 교육하여 필요한 가정에 '배급'한다.

길리어드 정부가 결함이라 판단하는 사항은 구시대에 '정상'에서 벗어난 형태로 가족을 이루는 것이다. 결혼하지 않고 아이를 낳거나 기혼 남성과 동거한 비혼 여성 등이 모두 여기에 속한다. 길리어드 정부가 어떻게 개인적인 정보를 수집하는지는 알려진 바 없지만 상당히 견고하고 거대한 형태로 자리 잡은 밀고 시스템이 큰 역할을 하는 것으로 보인다.

시녀들은 '수녀', '빨간 옷의 수녀', '여종', '빌하(Bilhah)' 등으로도 불린다. 이들은 라헬과 레아 센터에서 교육을 받은 뒤 시녀가 필요한 가정에 공급된다. 그러나 사실 시녀들은 라헬도 레아도 아니다. 센터의 이름이 '라헬과 레아'인 이유를 묻자 '아주머니'들은 시녀들의 이름을 굳이 거론할 필요가 없기 때문이라고 답했다. 시녀들은 몸만 있는 존재이며 이들의 몸은 그 (여자)주인의 몸에 귀속된다는 것이다.

한편 연구자는 센터에서 지내면서 라헬과 레아 센터가

레드 센터라고도 불린다는 것을 알게 되었다. 이는 센터 내부가
사방이 빨간색이기 때문에 붙여진 별칭으로, 견습 시녀들
사이에서 즐겨 쓰인다. 레드 센터라는 이름은 어디까지나
비공식적이며 비밀스럽다. 이름 자체에 특별히 불경한 의미가
있다기보다는, 견습 시녀들 사이에는 어떠한 대화도 금지되어
있기 때문인 것으로 보인다.

　　　시녀들이 센터에서 맞닥뜨리는 것은 온통 빨간색
의복들이다. 빨간색이 무엇을 상징하는지는 정확하게 알려진
바 없다. 한 아주머니는 시녀들이 구시대에서 저지른 원죄를
의미하지 않겠느냐고 이야기했다. 그러나 한 견습 시녀는
"빨간색이면 진저리가 난다."라면서 "자궁의 색깔로 우리를
칠해놓은 것"이라고 말했다. "우리(시녀들)는 걸어다니는
자궁으로 취급된다."라는 것이다. 센터 내부에서는 의복
외에도 소품, 가구 등을 주로 빨간색으로 만들어 배급한다.
또한 시녀가 되어 가정에 배급된 다음부터 의복은 물론 특정
공간이나 경로, 특별한 경우에 사용되는 자동차 등도 붉은색
계열로 모두 칠해 시녀가 접근하거나 점유할 수 있는 영역을
가시적으로 표시해놓는다.

　　　시녀들은 레드 센터에서 교육자 또는 훈육자 격인
아주머니의 지도를 받는다. 시녀는 센터 외부는 물론이고
내부에서도 자유롭게 움직일 수 없다. 산책 또한 하루 두 번,
두 사람씩 짝을 지어 다녀야 한다. 시녀들에게 가장 중요하게

주어지는 교육은 의식 교육, 그리고 종교와 행실 교육이다. 이 중 의식 교육은 주로 구시대의 병폐를 강조하고 신시대를 긍정하는 방식으로 이루어진다. 아주머니들은 여러 시청각 자료를 동원하여 구시대에는 여성이 끔찍하게 다뤄지고 핍박받았다고 주장한다.

H에 따르면, 이는 수업 시간뿐 아니라 시녀가 되고 나서도 지속하여 듣는 이야기이기도 하다. 그러나 그녀는 신시대에서 여성들에게 주어졌다는 '자유'가 어떤 것인지 모르겠다고 반문한다. 오히려 센터에서부터 지금까지도 구시대로 돌아가고 싶은 갈망에 시달린다고 그녀는 고백한다. H는 레드 센터에 들어오기 전 동거하던 남자와 헤어져 딸을 빼앗겼으며 인터뷰 당시에도 가족의 행방을 알지 못했다. "시녀로서의 삶에 적응한 다음에도 매일 밤마다 남편과 딸 꿈을 꾸곤 했다."라고 H는 말한다.

한편 센터에서 여성들은 시녀로서 갖춰야 할 몸가짐과 마음가짐을 배우며 이는 종교 교육과 함께 이루어진다.

> 리디아 아주머니는 줄지어 무릎 꿇고 앉은 잠옷 차림의 여자들 사이를 활보하면서, 행여 등을 구부리거나 자세를 느슨하게 하는 사람이 있으면 등이나 발이나 엉덩이나 팔 같은 데를 가볍게 철썩 또는 탁탁 목제 지시봉으로 때리곤 했어요. 그녀는

> 우리가 고개를 빠르게 숙이고, 발끝을 바짝 모으고,
> 팔꿈치 각도를 제대로 유지하기를 바란 거죠. 이런
> 일에 리디아 아주머니가 지대한 관심을 보이는 건
> 미학적인 이유도 있었어요. 그녀는 보기에 좋은 걸
> 선호했거든요. [……] 하지만 육체의 경직성과 근육의
> 긴장이 갖는 영적 가치 또한 잘 알고 있었죠.
> —H, 33세

아주머니들에 따르면 고개 숙이기나 다소곳하게 걷기
같은 특정한 몸가짐은 시녀가 '신실한 종교적 태도'를 지니고
있음을 증명하는 방법이기도 하다. 연구자가 레드 센터에서
머물며 수업을 참관하는 동안, 이러한 규칙은 늘 엄격하게
적용되었고 훈육에 항의하는 모습은 볼 수 없었다. 그러나 레드
센터 바깥에서 연구자는 익명의 제보자에게 드물지만 센터를
탈출한 여성들도 종종 존재한다는 이야기를 들었다. P는
그중 하나이다. 그녀는 인적이 드문 화장실에서 아주머니를
쇠붙이로 협박한 다음 옷을 빼앗아 입고 탈출했다.

> 나는 그 늙은 할미 R 아주머니를 보일러 뒤에다
> 크리스마스 칠면조처럼 꽁꽁 묶어놓고 그 자리를
> 떴어. 죽이고 싶었지. [……] 센터를 빠져나오는 게
> 얼마나 쉬웠는지 정말 믿기지가 않았어. 그 갈색

> 옷을 입고 그냥 걸어 나왔던 거야. […] 거창한 계획
> 따위는 없었지. 그들 생각처럼 계획적으로 저지른
> 일이 아니었어.—P, 34세

  P는 탈출에 성공하여 반정부 활동에 가담했으나, 다시
체포되어 비공식 '클럽'■으로 보내진 다음 다시 탈출했다.
P는 구시대 시절 여성주의 단체에서 다년간 근무하고 활동한
경험이 있다. 그녀는 특유의 성향과 기지를 발판 삼아 운 좋게
탈출했지만 자신과 같은 사례는 극히 드물다고 거듭 강조했다.
다음은 레드 센터를 거쳐 시녀가 된 이들의 이야기이다.

■   P에 따르면 클럽은 정부에서 세운 일종의 공창 또는 요정으로, '이세벨의
     집'이라고도 불린다. 클럽은 합법적으로 운영이 허가되지 않은 공간이지만
     연구자는 P에게 클럽에 대해 일부 들을 수 있었다. "그 치들이 선택을
     하라고 하더군. 이 노릇[클럽에서 일하는 것]을 하든가 콜로니로 가든가.
     빌어먹을. 그래서 그 꼴이 된 거야. […] 시녀로 넉넉잡아 3~4년만 지나면
     질도 너덜너덜 닳아빠질 텐데 그럼 무덤으로 직행이라고. 음식도 나쁘지
     않고, 마음만 먹으면 술이랑 마약도 할 수 있었어. 게다가 밤에만 일하면
     됐으니까." 클럽에 대해서는 본고 외의 연구에서 달리 다뤄볼 여지가 있어
     보인다. 클럽은 길리어드 여성들, 특히 시녀들로 불리는 다수의 여성이 기존
     계급에서 낙오되어 거치는 몇 가지의 경로 중 하나이며 '아래로 흐르는'
     길리어드의 신분 체계를 전형적으로 보여주는 시설이기도 하다.

4. 시녀로 산다는 것: 배제와 금기의
'빨간 영역'에 머무르기

시녀의 삶은 끊임없는 배제와 금기로써 통제된다. 연구자는
실제로 가내 공간에 거주하거나 거리를 거닐면서, 또는 조사에
참여한 여성들의 증언을 참고하여 다음과 같은 규칙들을
정리할 수 있었다. 주로 금기로 이루어진 규칙들은 시녀의 생활
전반을 속속들이 아우르며 매우 엄격하게 적용된다.

　　　앞서 언급하였듯이 시녀의 영역은 색상을 활용하여
가시적으로 구분된다. 빨강은 시녀가 점유할 수 있는 공간과
물건을 표시하는 색상이다. 이는 상류층 남성의 색상인
검정(여성의 경우 '미망인'), 아내의 파랑, 하녀의 녹색과 구분된다.
시녀들은 집 안팎에서 빨간 옷을 입도록 강요받는다. 시녀의
빨강은 다른 색상들과 쉽사리 섞이지 않는데, 바로 이 점
때문에 규칙을 벗어나는 행위를 하는 시녀들은 즉각 눈에
띈다. 실제로 이들의 생활 영역은 다른 이들의 공간과 엄격히
분리되어 있다.

　　　먼저 시녀들은 저택에서 각자의 방을 배정받는다. 집
안에서 이들이 갈 수 있는 곳은 정해져 있다. 허용 범위는
빨간색 계열의 카펫으로 표시된다. 시녀들의 활동 공간은
매우 협소하며 원칙적으로는 다른 이들(아내(여자 주인), 사령관,
하녀 등)과 대화를 주고받거나 육체적으로 접촉하는 행위도

금지되어 있다. 이러한 물리적·정서적 고립은 때로 시녀를
제외한 구성원들로 인해 더욱 견고해지는 모습을 보이며,
시녀를 향한 가내 구성원들의 시선은 이질적이다.

> 나라면 [시녀들처럼] 그렇게 몸을 더럽히지는 않을
> 거야. 선택의 여지는 있잖아. 그렇게 사느니 차라리
> 콜로니로 가면 되지. 내가 그렇게 된 게 아니라
> 천만다행이지 뭐야.—S, 65세

> 아무튼 그 여자들은 우리 모두를 위해서 그 짓을
> 하고 있잖아요. 내가 열 살만 젊고, 난관 수술을 하지
> 않았다면 내가 하고 있을지도 모르는 일이에요.
> 그렇게 나쁜 일도 아니죠. 소위 말하는 중노동도
> 아니잖아요.—M, 49세

S의 말에서 드러나듯이 실제로는 멸시받고 있음에도
불구하고 시녀들이 공식적으로는 존경받을 만한 일(재생산의
임무)을 하고 있다는 정부의 설명이 아주 틀린 말은 아니다.
시녀들은 통행 시 수호자들의 경례를 받거나 공식적 전시
상태에서도 좋은 음식을 배당받는 등의 대우를 받는다. 그러나
H에 따르면, 시녀에게 원죄가 있다는 일반적인 인식은 꽤 뿌리
깊게 박혀 있는 것 같다. 그녀는 "(다른 사람들은) 빨간 드레스와

그 옷이 상징하는 의미를 싫어하"고 "내 근처에 있으면
질병이나 불행 따위를 옮을까 봐 기분 나쁜 것"이라고 덧붙여
말했다. 시녀들이 구시대에 낳았던 아이들을 정상가족의
일원으로 강제 편입하고, 때때로 집안의 남성들이 시녀에게
사적으로 은밀하게 접근하곤 한다는 점을 감안하면, 시녀에
대한 인식과 처우가 좋다고는 결코 말할 수 없다.

　　또한 시녀는 자기 물건을 소유하지 못한다. 이미
구시대에 이들은 직업과 경제권을 박탈당한 바 있다. 시녀가
자기만의 물건을 소유한다면 바로 몰수당한다. 특히 자살에
쓰일 수 있는 날카로운 물건을 숨겼을 경우 처벌로 이어질 수
있다. 한 정부 관계자의 말에 따르면 이러한 물건들은 "유혹에
취약한 시녀를 나쁜 길로 이끌 수 있"으므로 위험하다. "이들을
거리에서나 가정에서나 항상 경건한 공간에 머물게 함으로써
시녀들이 구시대의 악업을 씻고 과업에 종사하게끔 만들어야
한다."라는 것이다.

　　심지어 시녀들은 자기 이름조차 소유하지 못한다.
이들은 레드 센터에서 이미 구시대에서 쓰던 이름을
박탈당하며, 이후 자신을 배급받을 남성의 이름을 따라 불리게
된다. 아내를 비롯한 다른 여성들 또한 구시대의 이름을
마찬가지로 박탈당하지만, 시녀들에게는 새로운 이름이
주어지지 않는다. 고유 번호가 몸에 문신으로 새겨져 있지만
이는 이름이 아니라 일련의 숫자일 뿐이다.

시녀들의 '무명(無名) 법칙'은 시녀 자체가 일종의 소유물로 배치되며 공급되고 있음을 확실히 하기 위함으로 보인다. 시녀들은 소유격 전치사 of를 붙여 '오브 ○○(of ○○(남자 주인 이름))'으로 불리고 있지만 사실상 시녀의 주인은 아내이다. 집안은 아내의 영역이기에 가내에 속하는 시녀 또한 자연스럽게 아내의 소유물이 된다. 실제로 시녀의 모든 실책에 대해 일차적으로 징벌을 내리거나 상부에 교체를 요청하는 이 또한 아내이다.

따라서 시녀들은 자기 이름이나 몸 또한 자신의 것이 아니라는 느낌을 받게 된다. 시녀들의 몸은 출산이라는 최고 과업에 따라 조정되고 재배치된다. 감정이나 의지조차 시녀들에게는 부수적이거나 불순한 것이며 이러한 규율은 레드 센터에서부터 시녀들에게 끊임없이 주입된다. 따라서 시녀의 몸은 온갖 복합적인 물리적·정서적 요소(특히 쾌락)가 모두 소거된 채 오직 생산하는 자궁의 이미지만으로 재구성된다.

> 팀 전체에 보상을 하고, 밥값을 하는 건 나에게 달렸어요. 피가 비치면 실패라는 뜻이죠. 이번에도 다른 사람의 기대를 배반하고 말았고 또한 나 자신의 좌절이기도 한 거죠. 전[구시대]에는 육신이 쾌락을 위한 일종의 도구이며, 운송 수단이자, 내 의지를

성취하기 위한 보조 수단이라고 생각했어요. 몸을
이용해서 달리기도 하고, 이런저런 버튼을 조작해
어떤 일을 일어나게 할 수 있다고 믿었죠. 한계가
있긴 했어도 내 몸은 여전히 유연하고 단일하고
견고했으며 나와 하나였는데. 이제 육신은 스스로를
다른 형태로 재배열했어요. 나라는 존재는 중심이
되는 대상을 둘러싸고 응집된 구름 같은 형상이
되어버린 거예요.―H. 33세

한편 앞서 언급한 금기들 또한 시녀의 정서적·육체적
고립이 실질적으로 이루어지도록 작용한다. 시녀였던 여성들은
시녀를 둘러싼 규칙들이 끊임없는 금지의 형태를 띠고
있었다고 말했다. 이러한 금지는 시녀를 생식의 영역에 고립된
채로 머무르도록 하고 외부와의 연계망을 끊어낸다.

직접적인 질문을 받지 않으면 말은 하지 않는 편이
좋아요. 아내, 하녀, 사령관, 수호자, 심지어는
시녀들끼리도 친해질 수 없어요. 이렇게 모든
방면으로 소통을 금지시켜서 우리 감정을 잘라낼
수 있다고 생각하는 것 같아요. 사령관이 제게 몰래
접근한 적 있는데 오히려 그렇게 거세당한 편이
'자연'에 가깝다고 하더군요. 그들은 우리한테서

쾌락의 요소를 철저히 배제했고, 은밀한 욕망이 꽃필
여지도 전혀 없어요. 우리는 다리 둘 달린 자궁에
불과하고 성스러운 그릇이고 걸어다니는 성배인
거죠.—H, 33세

이처럼 시녀로 존재하는 것은 물건, 공간, 사람들에
접근할 수 없음을 끊임없이 확인당하는 과정의 연속이다.
이러한 규제는 쌍방향으로 이루어진다. 다시 말해 스스로
접근을 시도해서도 안 되지만, 외부의 접근을 막는 것도 시녀의
몫이다. 시녀는 상시 얼굴을 가리게 되어 있으며 이로써 다른
이들을 '유혹'하지 않도록 애써야 한다. 이들은 장을 보러 가끔
외출하기도 하지만 이때에도 금지 규제는 똑같이 적용된다.
빨강으로 가시화된 시녀의 영역은 원죄와 금단을 뜻하기에
다른 이들과 섞이는 것 자체가 금지되어 있다. 시녀에게 감염의
비유가 상당히 일반적으로 쓰이는 것은 이 때문이다. 색상은
외부와 시녀의 경계를 더욱 뚜렷하게 긋는 역할을 한다.
이러한 배제는 다른 이들과의 소통을 금지함으로써 친교나
연대를 만들 기회를 없애는 기능도 한다. 시녀가 정기적으로
교체된다는 점을 고려하면 더욱 그렇다.

이들 금기 규범은 끊임없는 감시로 지켜지고 확인된다.
전자 시스템에 입력된 개인 정보나 통행증과 같이 공식적으로
행해지는 감시 외에도, 길리어드 정부에서 홍보 및 교육용으로

실시하는 구제 행사나 비밀 정부 단체('눈')를 통한 비공식적 감시를 비롯하여 통제는 다양한 방식으로 이루어진다. 이는 시녀들에게 일상적으로 감시당하고 있다는 공포감을 준다. 한때 대저택에서 시녀로 있었던 G에 따르면 시녀들 중에도 상부에 보고를 하는 이가 종종 있으므로 자유롭게 이야기를 나누기 어렵다고 한다. 실제로 시녀에 대해서는 집안 사람들의 관찰 및 상부 보고가 상시적으로 일어나므로 이들의 일상마저 세세한 감시가 가능하다. 이는 반정부 성향을 지닌 사람을 색출하는 데 그치지 않고 시녀들이 출산을 위해 몸 관리를 게을리하고 있지는 않은지 가정에서 감시하기 위한 목적도 있다. 게다가 식사나 건강 상태(자세나 기타 질병)에 대한 보고는 하녀의 관찰이나 정기 의료 검진을 통해 끊임없이 이루어진다. 출산 과정 또한 여러 사람에 의해 참관되는데 이는 의례의 형태로 이루어지며 후술할 예정이다.

5. 새로운 구시대로의 갈망: 저항의 가능성들

시녀를 둘러싼 금기는 항상 매끄럽게만 지켜지지는 않는다. 과거 길리어드 건국을 전후하여 제정된 여성의 권리를 제한하는 법률과 규범을 규탄하는 시위는 꾸준히 있어왔다. 현재 길리어드 내부에서 이러한 시위는 혹독한 탄압으로 거의

이루어지지 않고 있다. 그러나 익명의 제보자들에 따르면 보다
비가시적이고 비밀스런 형태로라도 반정부 운동이나 여성주의
운동, 고문 금지 운동 등은 다발적으로 행해지는 듯 보인다.

　　레드 센터를 포함하여 두 번이나 탈출 경험이 있는
P의 사례는 두드러진다. 그녀는 길리어드 본국의 지하 조직을
비롯하여 탈출 연계망에 적극 가담했으며 '인디펜던스
데이(가명)'라는 조직에서 일한 경험도 있다. 또한 해당 단체에
가입하여 현재까지 활동하고 있는 시녀 G는 본인이 직접
시녀와 접촉하는 방식으로 정부 규제나 비인도적 사건에 대한
정보를 수집해왔다. 많지는 않으나 다른 시녀들을 조직에
가입시킨 경험도 있다.

　　한편 비교적 안전한 범위에서 일상적인 형태로도
소소한 저항을 하곤 했다고 H는 회술했다. 그녀는 레드
센터에서 생활할 때 '비웃기'가 그러한 저항으로 상당히
유용하다는 것을 깨달았다.

> 권력을 지닌 자들에 대해 음담패설을 속삭이는
> 데에는 확실히 강력한 무언가가 있어요. 그것은 마치
> 일종의 주문 같아요. 그런 음담패설은 권력자들의
> 바람을 빼고 쭈그러뜨려, 우리가 조롱할 수 있는
> 평범한 수준으로 떨어뜨리죠. 화장실의 페인트칠한
> 칸막이에 이름 모를 누군가가 이런 낙서를 긁어놓은

> 적이 있어요. "리디아 아주머니는 빠는 걸 즐긴다."
> 그건 마치 저항의 고지에서 흔들리는 깃발 같았죠.
> 리디아 아주머니가 그런 짓을 한다는 생각만으로
> 원기가 고양되는 듯한.—H, 33세

H는 시녀로 생활할 때도 수호자들의 눈을 은근히 본다든지, 아니면 안전한 범위에서 유혹적인 몸짓을 한다든지, 기도문을 나름대로 바꿔서 기도한다든지 하는 불경한 행위들이 위로가 되었다고 말했다. 또한 H는 자신이 구시대 시절에 쓰던 이름을 끊임없이 상기하고 기억하는 일도 중요하게 여겼다. 그녀는 좋은 시절이 오면 다시 쓰게 될 이름으로 진짜 이름을 기억해두고, 비밀스럽게 친해진 사람이 있으면 그 이름을 알려주곤 했다.

H는 지하 조직에는 가담하지 않았지만 상부에서 극도로 금지하는 행위를 저지른 사람이기도 했다. 그녀는 (시작은 아내의 주선 때문이었지만) 수호자와 비밀스런 육체적 관계를 여러 차례 맺었다. "몇 번씩, 나 혼자서, 아내 몰래" 그를 찾은 것은 "누가 시킨 것도 아니었고 댈 핑계도 없는" "전적으로 나 자신을 위한 일"이었다고 H는 회술했다. 제보자들에 따르면 H와 같이 소위 간음에 가담한 경우는 예상 외로 빈번하다. 특히 아이를 원하는 아내나 사령관의 이해관계가 개입할 경우에는, 시녀의 의도와 상관없이 접선이 강제되는 경우도 있다. 남성 불임은

없다는 길리어드 정부의 공식적인 방침은 건재하지만, 사령관 부부를 비롯하여 고위층들은 남편의 생식 능력이 떨어진다고 종종 판단하여 많이들 간음을 주선한다. 공식적인 의료·보건 방침과 다른 성격의 일상적 지침, 또는 구시대의 기억이 빈번히 유통되고 있는 것이다.

6. 나가며: "다리 둘 달린 자궁", "걸어다니는 성배"의 사회문화적 의미

길리어드에서 시녀들이 '생산하는 자궁'의 기능을 전담한다는 것의 의미는, 다른 신분의 여성들이 맡은 역할과의 유동적인 관계 내에서 보아야 한다. 길리어드 여성에게 주어진 일은 정부에 의해 몇 가지로 나뉘어 규정된다. 이들 업무는 신분 체계에 따라 차등적으로 여성들에게 주어진다. 아내와 비여성을 제외하고, 하녀와 미망인, 그리고 시녀의 상하 위계는 명확히 규정되어 있지 않다. 심지어 아내라 하더라도 남편의 직위에 따라 그 위계는 복잡하게 부여되므로 여성들 사이의 관계는 더욱 복잡해진다. 공식적으로 아내보다 하위에 있는 신분인 하녀·미망인·시녀는 각자 전담하는 업무, 그리고 이들의 몸을 통해 체현되는 의미를 기준으로 세분화되는 '기능적 신분'인 셈이다. 그러나 이들 범주를 구성함에 있어 재생산 능력은 여타 노동 능력보다 중요하게 여겨지고 있다.

한편 시녀는 그 재생산 능력이 다른 신분의 여성들, 때로는 아내들보다 뛰어나다고 인정받고 있는데도 결코 상류층이 될 수 없다. 이들은 하녀나 미망인에게도 종종 멸시를 받곤 한다. 시녀는 더는 재생산이 불가능해지면 (분명히 그보다 하위에 있는) 비여성으로 분류되지만 미망인이나 하녀로는 이동할 수 없다. 이는 길리어드 여성의 신분 체계에서 흔히 경건함의 척도로 일컬어지는 '종교적 순수도'가 중요하게 개입하기 때문이다.

길리어드의 공식 행사나 국가 정책에서 성경은 중요한 위치를 차지한다. 특히 구약의 여러 일화는 표상으로 기능하는 것을 넘어 본국에서 그대로 재현되기도 한다. 길리어드 정부는 성경의 하느님을 가부장적인 의미로 전유하며 이를 중심으로 신분 체계를 방사형의 형태로 배열하고 있다. 가장 중심에 가까운 것은 사령관 남성이며, 가장 바깥쪽에 있는 것은 콜로니의 사람들, 그중에서도 비여성이다. 정상의 범주에 있지 않은 함의 아이들이나 비여성은 물론, 길리어드 본국에 거주하는 국민들은 엄격하게 정해진 중심적 가치에 봉사하며 살아가야 한다. 다르게 보면 길리어드의 신분제는 그 자체로 전형적인 가부장적 정상가족 형태의 배열이라고 할 수 있다. 성경에서 '야곱의 대가족'으로 상징되는 남성 중심의 재생산 기제는 정부에 의해 억압적으로 재구성된다. 길리어드가 오랜

시간 전시 상태를 유지하는 것이 이러한 정책을 지속하는 데
도움이 된다는 지적은 정확하다.

　　이러한 체제에서 종교는 상징에 그치지 않고 일상에
실질적으로 개입하고 있다. 앞서 종교적 의례가 국가의 공식적
행사에서부터 일상적인 인사말에 이르기까지 폭넓게 강요되고
있다고 지적하였다. 특히 성경 구절은 시각적 효과를 노리는
의례의 모티프로서 재현된다. 시녀 생활의 가장 정점을 이루는
성교나 출산 과정에서도 성경 구절의 재현을 확인할 수 있다.
성교나 출산 시에 시녀는 아내와 육체적으로 합일을 이루면서,
아내의 자궁으로서만 존재할 수 있음을 분명히 한다. 자궁은
시녀를 저택에 머무를 수 있게끔 하는 근거이자, 길리어드
정부가 국가적 자원으로 여겨 관리하는 대상이다.

　　마지막으로 길리어드의 여성들이 '자애로운 어머니-
자궁-가사 노동자-비여성(여타 노동자)'으로 나뉘어 배치된다는
점을 통해 길리어드에서 이상시하는 여성의 이미지를 알 수
있다. 여성이 종사해야 하는 업무는 주로 가내에 한정되어
있다. 그것은 궁극적으로 '국가적 재생산'에 경건한 태도로
봉사하고 몸을 바치는 일로 수렴된다. 이들을 양성하는 것은
끊임없는 국가 차원에서의 교육이나 계몽 외에도 촘촘한
감시로 가능하다.

　　그런 점에서 시녀의 존재는 그 자체로 문제이고
경계이다. 시녀들은 빨간색으로 상징되는 금기의 영역에서

마치 불순물과 같은 존재가 된다. 즉 그들은 정상가족의 재생산을 위한 필수적인 요소이지만 길리어드가 정상가족에 이르지 못하는 다수의 '불임 가족'으로 이루어져 있음을 적나라하게 드러내는 문제적 존재이다. 이들은 '정상'과 '불임'의 경계에 자리 잡은 채로 외부의 필요에 맞게 가시화되거나 묵인된다.

더욱이 연구자가 앞서 살펴보았듯이 이들은 사적인 감정(불만이나 쾌락 또는 애정)이나 지식, 그리고 재생산에 기여하지 않는 다른 능력을 다양하게 갖추고 있으므로 현실에서 필연적인 '위협'이 될 수밖에 없다. 이들의 감정이나 능력은 그 자체만으로도 제거 대상으로 간주되며 관련된 통제 또한 매우 강력하다. 그러나 시녀들의 존재는 자체로 위반 가능성을 내포하고 있으며 이는 상당히 다양한 방식과 규모로 발현되고 있다. 구시대의 기억이 아직 생생하게 남아 있는 현재에는 더욱 그렇다. 이 기억들을 토대 삼아 시녀들이 더욱 다채로운 위반들을 꿈꾸고 발견하기를 기대한다.

당신이 익힌 언어가
세상을
보는 방식을
형성한다면

「네 인생의 이야기」와
사피어-워프 가설

다른 존재의 언어를 익힌다는 것

미래가 이미 결정되어 있고, 그 미래를 알 수 있는 능력이 생긴다면 어떨까? 여기서 중요한 전제는 정해진 미래를 개인의 선택으로 바꿀 수 없다는 것이다. 이 말은 미래에 아무리 나쁜 일이 예정되어 있어도 그걸 바꿀 순 없고, 자신은 그저 그 미래를 알게 되는 게 전부임을 뜻한다. 그렇기에 결코 축복이라고만은 할 수 없는, 미래를 아는 능력을 어떻게 받아들여야 할까? 드니 빌뇌브 감독의 영화 「컨택트」의 원작 소설 「네 인생의 이야기」[1]는 바로 그런 주제를 다룬다. 특유의 정교함과 독창적인 작품성이 돋보이는 SF 작가 테드 창(Ted Chiang)의 대표작인 이 작품은 바꿀 수 없는 미래를 알게 된 인물의 '선택 아닌 선택'을 철학적, 그리고 인류학적으로 고찰한다.

「네 인생의 이야기」는 작품의 화자이자 주인공인 언어학자 루이즈가 '헵타포드'라 불리는 외계 생명체와 조우하며 겪은 경험을 소재로 한다. 정확히 말하면, 소설의 핵심은 주인공과 외계 생명체 사이의 만남보다는 주인공이 그 만남을 통해 얻은 능력, 그리고 그 능력을 통해 피할 수도 있었던 '불행한 운명'을 피하지 않는다는 '이야기의 수행'이라 할 수 있다. 이 지점은 소설을 영상으로 옮긴 영화와 원작이 보여주는 미묘한 차이이기도 하다. 작품을 접하지 않은 독자라면 선뜻 이해되지 않을 '이야기의 수행'이 소설의 핵심인 한편, 원작과는 다른 제목에서 영화는 그렇지 않다는 점을 엿볼 수 있다. '도착' 혹은 '도래'를 뜻하는 영화의 원제 'Arrival'은 지구에 온 외계 생명체에 초점을 맞추는 인상을 풍기지만(이 지점은 '접촉'을 뜻하는 한국어 개봉작의 제목 '컨택트(contact)'도 마찬가지이다.), 원작 소설의 제목은 표현 그대로 '네 인생의 이야기(Story of Your Life)'가 작품의 핵심임을 드러낸다. 그렇다면 여기서 제목에 등장하는 소유격 '너'는 누구일까. 그건 바로 주인공 루이즈가 헵타포드와 만나는 과정 말미에 존재를 자각하게 되는, 아직 태어나지도 않았지만 부모보다 먼저 젊은 나이에 생을 마치게 될 루이즈 자신의 딸이다.

> 나는 이 이야기가 어떻게 끝날지 알고 있단다. 자주 그 생각을 해보곤 해. 불과 몇 년 전, 이 이야기가 어떻게 시작되었는지에 관해서도 자주 생각에 잠기곤 하지. 지구 궤도상에 우주선들이 느닷없이 출현하고, 목초지에 인공물들이 나타났던 그때 말이야.[2]

어느 날 갑자기 정체 모를 우주선들이 지구에 나타나자 미국 정부는 헵타포드로 명명된 이들 외계 생명체의 의중을 파악하기 위해 세계 각지의 물리학자와 언어학자 들에게 도움을 요청한다. 대학 교수로 재직 중이던 젊은 언어학자 루이즈 뱅크스 역시 그중 하나였다. 루이즈는 물리학자인 게리 도널리와 팀을 이뤄 헵타포드의 글과 언어를 익히며 그들과의 의사소통을 시도한다. 애초에 발화 방식이 완전히 다른 탓에 음성을 통한 의사소통은 불가능에 가까웠지만, 루이즈가 그들의 문자를 습득하며 소통은 조금씩 진전을 맞이한다. 물론 헵타포드의 문자, 즉 글을 익히는 게 처음부터 쉬운 일은 아니었다. 학자들에 의해 '헵타포드 B'라 불린 헵타포드의 글은 선형적인 문자의 배열이라기보다는 정교한 그래픽 디자인의 집합체에 가까웠기 때문이다. 순차적인 사고체계와 그를 표현하기 위한 문자 체계에 익숙해 있던 인류로서는 헵타포드의 표현 방식에 익숙해지기 어려웠다.

난항에 빠져 있던 문자 습득에 돌파구를 마련한 건 헵타포드의 세계관과 지각 작용이 최소화 혹은 최대화라는 목적을 달성하는 데 최적화되어 있다는 사실을 알아낸 뒤였다. 원인-결과로 이어지는 인과적 맥락을 바탕으로 사고하길 선호하는 인류와 달리, 헵타포드는 똑같은 물리 현상도 직관적으로 파악하며 이를 토대로 동시적(同時的)인 의식 양태를 발달시켜왔다. 소설의 표현을 빌리면 이런 식이다. 인류는 사건을 순서대로 경험하고 원인과 결과로 사건 사이의 관계를 지각하는 반면, 헵타포드는 모든 사건을 한꺼번에 경험하고 그 근원에 깔린 최소화 혹은 최대화라는 목적을 지각한다는 것이다. 그리고 그 목적을 인식하기 위해서는 원인과 결과를 동시에 알아야만 했다. 헵타포드의 언어를 익힌다는 것은 세상을 바로 그런 방식으로 보게 된다는 것을 뜻했다.

> 흥미로운 점은 '헵타포드 B'가 내가 생각하는 방식을 바꿔 놓고 있다는 사실이었다. [······] '헵타포드 B'를 습득하는 동안 나는 그에 못지않게 이질적인 경험을 하고 있었다. 나의 사고가 도형의 형태로 코드화되고 있었던 것이다. [······]
>
> 내가 이 언어를 점점 더 유창하게 다룰 수 있게 되면서 이 의미표시 형태들은 완성된 형태로 나타났고, 나는 복잡한 개념들까지도 일거에 표현할 수 있게 되었다. 그러나 이 결과 나의 사고 과정이 예전보다 빨라지게 된 것은 아니었다. 앞을 향해 질주하는 대신, 나의 마음은 어의문자들의 기반을 이루는 대칭성 위에서 균형을 유지하며 부유하고 있었다. [······] 목적을 달성하기 위해서는 가장 처음과 가장 마지막의

상태를 알아야 한다. 원인이 시작되기 전에 결과에 관한 지
식이 필요하게 되는 것이다.

나 역시 서서히 이 점을 이해하고 있었다.[3]

루이즈가 헵타포드의 글을 통해 그들의 언어를 익히
면서 함께 얻게 된 건 놀랍게도 대략 50년에 걸친 미래를 보
는 능력이었다. 원인과 결과가 선형적으로 이어지는 인과론
적 세계관(인류의 언어와 연동된)과 달리, 헵타포드의 언어는
원인과 결과를 동시에 알아야만 하는 목적론적 세계관을
형성시켰다. 그리고 헵타포드의 언어를 습득하는 경험이 헵
타포드 B를 구사하는 데 바탕이 되는 시간의 동시적 존재
양태를 인지하게끔 한 것이었다.

소설에 대한 소개가 다소 난해해 보이지만, 사례를
들어보면 충분히 이해할 수 있다. 작가는 작품의 시작과 끝
을 관통하며 주인공 루이즈가 경험하는 동시적인 시간 인
지의 사례를 딱 하나 제시한다. 앞서 언급했듯이 루이즈가
아이를 갖지도 않은 상태에서 머지않은 미래에 자신이 딸
을 낳으며 그 딸이 자신보다 일찍 죽게 된다는 사실을 '동시

에' 인지한다는 것이다. 작품은 헵타포드와의 만남을 통해 새로운 언어를 익히는 과정을 묘사하는 중간중간마다 화자인 루이즈가 '너', 즉 아직 태어나지 않은 자신의 딸에게 들려주는 딸의 성장 과정 이야기를 병렬적으로 배치해두고 있다. 헵타포드의 언어를 익혀 미래와 현재를 동시에 인지하게 된 루이즈는 자신보다 딸이 먼저 세상을 떠나게 되리라는 사실을 알면서도 아이를 낳아 기를 운명을 거부하지 않는다는 것이다. 이는 곧 자유의지라는 것이 존재할 수 있느냐는 철학적 질문과도 직결된다.

언어가 정말로 사고를 결정할까

작품의 메시지를 더 살펴보기 앞서 하나 짚고 넘어가야 할 의문이 있다. 소설에서 루이즈는 동시성을 바탕으로 한 헵타포드의 언어를 익히게 되자 자신도 헵타포드처럼 현재와 미래를 동시에 인지하게 된다. 그런데 완전히 상이한 세계관을 가진 다른 존재의 언어를 익힌다 해서 그들의 세계관과 인지 방식을 획득할 수 있을까? 20세기 전반에 활동한 두 명의 인류학자는 이 질문과 관련해 주목할 만한 가설을 하나 내놓았다.

북아메리카 선주민 언어 연구로 명성을 쌓은 인류학자 에드워드 사피어(Edward Sapir)와 그의 제자 벤저민 워프(Benjamin L. Whorf)는 언어가 문법구조를 통해 사고체계와 세계관 형성에 지대한 영향을 미친다는 주장을 제시했다. 언어와 그에 따른 분류 체계가 화자의 무의식적인 심리를 드러낸다고 규정한 사피어에 이어 워프는 인간의 언어 혹은 문법이 화자가 세상을 보는 방법이나 행위에까지 영향을 준다고 주장했다.[4] 둘의 이름을 따서 '사피어-워프 가설(Sapir-Whorf hypothesis)'로 불리는 이 주장은 인류학계와 언어학계에 작지 않은 반향을 일으켰다.

사피어-워프 가설에 따르면 다른 언어는 서로 다른 지각 체계를 나타내며, 각 사회의 상이한 문화적 행위는 언어적 의미 구조에 의해 전달되고 그 구조 내에서 정보화된다.[5] 이 가설과 관련해 가장 익숙한 사례는 아마 '눈(snow)'을 가리키는 이누이트(Inuit)의 언어 표현일 것이다. 하나의 단어

만을 활용해 눈의 여러 형태(하늘에서 내리는 눈, 땅에 쌓인 눈, 흩날리는 눈 등)를 통칭하는 다른 언어와 달리, 이누이트는 훨씬 다양한 단어를 활용해 눈을 형태에 따라 달리 지칭한다. 쉽게 짐작할 수 있다시피, 이처럼 언어 표현에 차이가 생긴 까닭은 북극권에서 살아가는 이누이트가 다른 기후에서 생활하는 인간 집단과 완전히 다른 방식으로 눈과 환경을 인식하고 있기 때문이다. 여기서 더 나아가 워프는 언어가 사고를 표현하는 데 그치는 것이 아니라 언어 자체가 생각을 형상화하는 기제로까지 작동한다고 주장한다.

　　워프는 언어가 자연환경에 대한 인식이나 사고체계뿐만 아니라 공간이나 시간과 같은 추상적 관념을 인지하는 방식에도 영향을 미친다고 보았다. 그는 미국 남서부에 거주하는 호피(Hopi)족의 건축 용어에 관한 연구를 통해 특정 집단의 언어가 그 구성원들이 공간을 인식하는 방식에 미치는 영향을 고찰했다.[6] 예를 들어 침실이나 방, 저장고, 다락방, 지하실, 복도 등 건축물에서 삼차원 공간을 표현하는 다양한 단어들이 호피어에는 존재하지 않는다. 물론 실제로 호피족의 건물에 이런 공간이 존재하지 않기에 그를

가리키는 단어가 없는 건 아니다. 워프에 따르면 이처럼 특
정 공간을 지칭하는 단어가 없는 까닭은 그들의 언어가 빈
곤한 어휘로 이뤄져 있는 탓도 아니며, 공간을 보는 방식 자
체가 다르기 때문이다.

　　호피어는 영어를 비롯한 여러 언어에서처럼 공간을
기능적·주격(nominative) 용어로 기술하는 대신, 관계적·위치
적 용어로 기술한다. 호피어에서 공간을 지칭하는 용어는
하나의 문장에서 그 자체로 기능하지 않고, 부사구처럼 전
적으로 관계적 개념으로 취급된다.[7] 그러니까 비어 있는 건
물 속 공간은 방이나 침실, 복도처럼 기능에 따라 독립적으
로 명명되는 게 아니라, 전체 공간 구조 안에서 서로 간의
관계에 따라 위치 지어질 뿐이라는 것이다. 이를테면 호피어
에서 '건설 중에 미완성된 벽'과 '지붕 없는 벽', '폐허의 일
부'는 te'kwa라는 하나의 용어로 지칭되고, '통풍구의 구멍'
과 '유리를 끼우지 않은 창문', '굴뚝'도 poksö라는 단어 하나
로 통칭된다.[8] 전자는 전체 공간에서 완성되지 않은 벽면이
라는 공통점을 지니며, 후자는 건축물에서 구멍이 뚫린 부
분을 가리킨다는 공통점을 지닌다. 이처럼 특정한 공간의

기능적 요소 대신 각 구조물이 지니는 상호 간의 공간적 관계를 중시하는 호피족의 세계관은 그들의 언어에 반영되는 동시에 그들의 언어에 의해 형성되기도 했다는 게 워프의 주장이다.

「네 인생의 이야기」가 언어와 시간 인지 사이의 관계를 중심으로 하는 소설인 만큼, 사피어-워프 가설에서 공간뿐 아니라 시간은 어떻게 다루는지 살펴보는 것도 좋을 듯싶다. 워프는 호피어와 유럽어족의 문법을 비교해 시간에 대한 인식과 구분 역시 어떤 언어를 사용하느냐에 따라 다르게 나타날 수 있다고 주장했다. 이를테면 시제를 사용해 시간을 과거, 현재, 미래로 구분하는 영어와 달리, 호피어는 시간을 어떤 사건 또는 행사의 연속(eventing) 사이의 간극으로만 표현한다.[9] 호피어에서 사건은 과거-현재-미래 순으로 서로 구별되어 진행되는 게 아니라 마치 씨앗이 발아해 자라서 열매를 맺는 "식물의 생장처럼" 사전에 준비된 요소들이 시연되는 것처럼 기술된다.[10] 이 같은 문법적 특성의 영향 아래 호피어 사용자들은 무슨 일을 하든 '준비'를 강조하는 행동 양식에 주안점을 둔다. 워프는 문법상의 차이가 유럽인과 호피족이 지닌 상이한 시간 관념에 반영되는 것을 넘어 해당 언어 사용자 집단의 습관과 행위에도 영향을 준다고 본 것이다.

　　하지만 사피어-워프 가설을 증명하는 건 쉬운 일이 아니다. 언어가 사고체계를 반영한다는 주장까지는 수용할 수 있어도, "언어가 사고를 결정한다."라는 언어결정론을 검증하기란 불가능에 가깝다. 이 논의가 법칙 혹은 이론이 아니라 가설로 불리는 건 이런 까닭이다. 하지만 언어와 사고체계 사이에 상호 연관성이 존재한다는 논의만큼은 어렵지 않게 받아들일 수 있다. 여기서는 「네 인생의 이야기」의 바탕이 된 전제, 즉 헵타포드의 언어를 익힌 루이즈가 생각하는 방식마저도 바뀌게 되었다는 소설의 전개가 완전히 허무맹랑한 허구적 상상만은 아니라는 사실 정도를 밝혀두고자 한다. 비록 증명하기는 어렵지만, 인류학계에서 꽤 진지하게 연구되고 논쟁의 대상이 되어온 주장을 테드 창의 아름다운 작품에서 발견하게 되는 건 인류학자로서 뜻밖의 기쁨이기도 했다.

목적론적 세계관과 자유의지의 문제

주인공 루이즈는 미래와 현재를 동시에 인지한 덕분에 자기 앞에 닥쳐올 일을 알면서도 아이를 낳아 키운다. 아니, 정확히는 아이를 갖기도 전에 자신보다 먼저 세상을 떠날 딸을 자신이 낳아 기르게 되리라는 운명을 인지한다. 작품 전체에 병렬적으로 배치된 화자의 말, 즉 '네 인생의 이야기'는 결국 길지 않은 시간 동안 희로애락을 함께할 미래의 딸에게 엄마인 주인공이 현재 시점에서 전하는 이야기인 동시에, 운명을 받아들이며 스스로 되뇌는 '내 인생의 이야기'이기도 한 셈이다. 글을 쓰기 위해 「네 인생의 이야기」를 다시 읽으며 처음 읽을 때와는 또 다른 감동을 느꼈다. 작품의 결말을 미리 알고 있다는 사실에 기인하는 그 감동은, 마치 작품 속 루이즈처럼 이야기의 시작과 끝을 동시적으로 인지했기에 가능했을지 모른다.

　이처럼 미래를 알게 된 덕분에 불행한 운명을 피하는 것이 아니라, 그 결과를 향해 앞으로의 과정을 묵묵히 수행해나간다는 전개는 과연 자유의지라는 것이 존재할 수 있느냐는 질문과 맞닿는다. 사실 자유의지의 존재 여부는 「네 인생의 이야기」뿐만 아니라 테드 창의 작품 다수에 걸쳐 변주되는 주제이다. 테드 창의 두 번째 작품집 『숨』[11]에 실린 「상인과 연금술사의 문」, 「우리가 해야 할 일」, 「불안은 자유의 현기증」 등과 같은 단편들 역시 각기 다른 소재를 활용해 자유의지의 불/가능성을 탐색한다.

이를테면 다섯 쪽 분량의 초단편 「우리가 해야 할 일」은 '예측기'라는 가상의 장치를 소재로 자유의지가 존재하지 않는다는 사실이 증명되었을 때 인간이 어떤 반응을 보일지 고찰한다. 소설 속 예측기는 LED 전등과 버튼이 하나씩 달린 간단한 장치로, 인간이 버튼을 누르기 1초 전에 LED 불빛이 반짝이는 게 기능의 전부이다. 시간에 관한 가상의 과학적 원리를 적용해 만들어진 예측기의 LED 전등은 사용자가 누르려는 마음을 먹기 전에는 절대 반짝이지 않았다가, 사용자가 누르려고 하면 그 즉시 불빛이 반짝인다. 자유의지의 부재를 증명하는 이 기계가 유행하자 자신의 선택이 무의미하다는 걸 깨달은 사람들 사이에 모든 자발적 행동을 중지해버리는 증상이 번진다. 작품은 이렇게 예측기가 유행한 지 1년이 지난 뒤 누군가가 보내는 경고의 형식을 취하고 있다. 그런데 자유의지가 허상에 불과하다면 화자가 보내는 경고가 무슨 의미를 지니는가. 즉 미래에서 온 경고를 받아봤자 현실이 바뀌지 않는다면 대체 경고가 무슨 소용일까. 소설의 마지막에 등장하는 작가의 메시지는 명확하다. 화자 역시 경고를 보내는 게 무의미하다는 걸 알고 있음에도 불구하고 "달리 선택의 여지가 없었기 때문"[12]에, 즉 자신이 그 순간 경고를 보내도록 결정되어 있었기에 그렇게 행동할 수밖에 없다는 것이다. 다른 작품들 역시 조금씩 다른 방식으로 이미 미래가 결정되어 있다는 전제 아래 인간이 수행하는 행동은 어떤 의미를 지니는가를 탐구한다.

「네 인생의 이야기」 또한 인간에게 미래를 아는 능력이 부여된다면 어떤 행동을 할 것인가에 대해 고찰하는 작품이라 볼 수 있다. 테드 창은 작품 속에서 주인공의 독백을 통해 상당히 직접적으로 자신의 견해를 전달한다.

자유의지의 존재는 우리가 미래를 알 수 없다는 것을 의미한다. 그리고 우리는 직접적인 경험에 의해 자유의지가 존재한다는 것을 안다. 의지란 의식의 본질적인 일부인 것이다. 아니, 정말로 그런 것일까? 미래를 아는 경험이 사람을 바꿔놓는다면? 이런 경험이 일종의 절박감을, 자기 자신이 하게 될 행동을 정확하게 수행해야 한다는 의무감을 불러일으킨다면?[13]

미래를 안다는 것과 자유의지는 양립할 수 없으며, 미래를 아는 이들은 결코 미래에 반하는 행동을 할 수 없다. 얼핏 보기에 자유의지의 불가능성에 관한 이런 관점은 인간을 마치 주어진 운명에 따라 행동할 뿐인 무력한 자동인형처럼 여기는 것으로 보일지도 모르겠다. 이에 대해 작품은 과거와 현재, 미래를 동시에 인지하는 헵타포드의 의식 양태와 그에 따른 행동이 비록 자유롭진 않을 수 있어도 속박당한 건 아니라고 강조한다. 그들의 동기는 역사의 목적과 일치하며, 그들의 행동은 곧 미래를 자신의 손으로 실연(performance)해나가는 과정이라는 것이다. 단순한 자유의지의 부재를 넘어, 다가올 미래를 정확히 수행하는 것이 헵타포드의 목적론적 세계관에 따른 실천인 셈이다.

하지만 소설 속 외계 생명체와 달리 현실의 우리는 서로 다른 시간대를 동시에 인지하는 존재가 아니다. 인간은 이미 지나간 과거를 바꿀 수도 없고, 다가올 미래가 어떠할지 미리 알 수도 없다. 인간에게 가능한 건 주어진 현재를 최대한 충실히 살아가고, 그렇게 켜켜이 쌓여가는 현재의 순간들이 모여 자신과 사회 전체를 더 나은 쪽으로 만들어가는 데 조금이나마 기여하기를 바라는 것뿐이다. 그것이 원인과 결과가 자연스레 이어지는 인과론적 세계관을 가진 인간에게 주어진 숙명이다. 그런데 여기에는 이점도 있다. 지금의 어떤 행위가 미래에 부정적인 결과로 이어진다는 사실을 알게 된다면 현재의 노력을 통해 다가오는 파국과 비극을 피하게끔 노력할 수 있다. 인간이 주어진 미래를 실연해나가는 존재가 아닌 이상, 미래를 모르기에 미지의 미래를 바꿀 수 있다는 믿음과 노력은 인간이 지닌 유리한 조건이기도 하다.

그렇기에 인류가 지금껏 영위해온 현재의 행동이 다가올 미래에 분명한 해악을 끼치리라는 걸 알면서도 바꾸지 않는 건 인류에게 주어진 기회를 걷어차는 일일 수밖에 없다. 이미 빠른 속도로 진행 중인 환경 파괴와 그로 인한 기후 위기를 부른 지금의 생활 방식(분해에 수백 년이 걸리는 플라스틱 제품의 남용이나 탄소 배출을 가속하는 성장중심주의에의 집착과 같은)을 바꾸지 않고 유지하는 행위가 그 대표적인 예이다. 인과론적 세계관에 익숙한 우리가 지닌 이점이 있다면, 환경 문제처럼 인과관계가 분명한 사안에 대응할 수 있는 선택권이 주어져 있다는 사실이다. 인간 자신의 손으로 환경을 파괴하는 것이 주어진 운명이고 인간은 그 미래를 수행할 뿐이라는 목적론적 세계관을 가진 것이 아니라면, 예정된 결과가 도래하지 않도록 그 원인을 지금이라도 바꿔나가는 게 인과론적 세계관을 지닌 우리 인간이 해야 할 행동이다.

상상

성별을 제거한
사고실험에서

우리가
알게 되는 것

『어둠의 왼손』과 젠더 인류학

『어둠의 왼손』이 그려내는 양성인(兩性人) 사회

판타지소설 『어스시의 마법사』 연작으로 유명한 르 귄은 판타지 못지않게 SF 작가로도 왕성하게 활동하며 주목할 만한 작품을 많이 남겼다. 특히 '헤인 시리즈'로 불리는 일련의 장·단편소설은 서로 다른 세계와 인물을 배경으로 다양한 형태의 사고실험을 제공한다. SF라는 장치를 최대한 활용하여 가상의 세계를 설정하고, 해당 세계 고유의 정치·경제·사회문화적 특성을 그려내며 궁극적으로 인간 세상에 대한 통찰을 제시하는 르 귄의 작품들은 사변소설(speculative fiction)의 묘미를 극대화한다고 해도 과언이 아니다.

헤인 시리즈의 초기작에 해당하는 몇 편의 주목할 만한 SF를 발표하고 『어스시의 마법사』의 성공으로 판타지 작가로서의 입지도 굳혀가고 있던 1969년, 르 귄은 장편 SF 『어둠의 왼손』[1]을 발표한다. 사변소설로서 SF를 활용한 사고실험 중 아마도 가장 설정이 파격적일 이 작품은 '케메르'라 불리는 특정 시기(일종의 '발정기')를 제외하면 여성이나 남성 어느 쪽으로도 성별이 발현되지 않는 '양성인'의 세계를 그려낸다. 작품에서 묘사하는 양성인의 특성은 일곱 번째 장 「성(性)에 관한 의문」에서 상세히 설명된다. 작품의 배경인 행성 '게센'을 수십 년 전에 먼저 방문한 관찰자가 남긴 보고서 형식을 빌려 쓴 내용이다.

> 케메르의 첫 단계에서 개인은 완전한 양성체지만 혼자 있으면 성(性)과 성교 능력이 생기지 않는다. 첫 단계 케메르의 게센인은 케메르 중인 다른 사람과 함께 있지 않으면 성적 결합을 할 수 없는 상태가 계속된다. 하지만 이 시기에는 성충동이 너무나도 강력해서 그 충동이 인격 전체를 지배하고, 그 밖의 모든 충동을 억누른다. 케메르 중인 상대를 맞으

면, 자극에 의해 호르몬 분비가 더욱 왕성해지고, 그에 따라 둘 가운데 한 명의 성이 남성 또는 여성으로 정해진다. 생식기는 팽창하거나 수축하며, 전희에 느끼는 쾌감이 더 격렬해지고, 상대의 변화에 의해 흥분된 파트너는 다른 성이 된다. [……] 보통, 케메르에서는 성 역할이 미리 정해져 있지는 않다. 그들은 자신이 남자가 될지 여자가 될지 알지 못하며 선택할 수도 없다. 일단 성이 결정되면 케메르 기간 동안에는 바꿀 수 없다. 케메르의 절정기는 이틀에서 닷새 동안 계속되며, 그동안 성욕과 성교 능력은 최고조에 달한다. 이 단계는 아주 갑자기 끝나버리며, 임신이 일어나지 않으면 두 사람은 몇 시간 안으로 소메르[성별이 발현되지 않은 일상적 상태] 상태로 돌아오고, 주기는 새로 시작된다. 만약 여성 역할을 맡은 사람이 임신을 하면 호르몬 분비 활동이 계속되며, 8.4개월의 임신 기간과 6~8개월의 수유 기간 동안 여성의 성이 유지된다. [……] 수유기가 끝나면 여성은 다시 소메르로, 완전한 양성 병존체로 돌아간다. 생리적 습관은 정해져 있지 않으며, 여러 명의 아이를 둔 어머니가 여러 명의 아이를 둔 아버지가 될 수도 있다.[2]

　게센은 대부분의 지역에서 기온이 영하로 내려가는 추운 날씨 탓에 '겨울'이라는 별칭을 가진 행성이다. 이런 혹독한 기후 조건 아래 '화로(火爐)'라 불리는 수백 명 규모의 소집단이 사회의 기본 단위를 이루며 중앙 집권화의 정도가 약한 국가들을 구성한다. 주인공인 겐리 아이는 지구(헤인 시리즈에서는 '테라'라고 불린다.) 출신으로, 헤인을 중심으로 한 성간 연맹인 에큐멘을 대표하여 에큐멘 가입을 설득하기 위해 홀로 게센을 방문한 사절이다. 그는 다른 행성들과의 교류에 관심을 보이며 후원자를 자처한 카르히데 왕국의 수상 에스트라벤의 도움을 얻을 수 있었지만, 에큐멘 가입에 다른 의도가 있다고 의심한 국왕에 의해 에스트라벤이 추방되며 함께 위기에 처한다.

　　위협을 느끼고 카르히데를 떠나 이웃 나라인 오르고레인으로 향한 겐리 아이는 그곳에서 정치적 대립에 휘말려 강제 노역형에 처한다. 소식을 들은 에스트라벤이 그를 구해낸 뒤, 겐리 아이는 카르히데로 돌아가 자신이 타고 온 우주선에 신호를 보내 도움을 요청하고자 한다. 양국 모두에서 범죄자가 된 이들을 쫓는 눈길을 피해 겐리 아이와 에스트라벤은 게센 행성의 광활한 빙원을 건너는 여정을 시작하고, 그 과정에서 둘은 서로 다른 존재인 상대방과 상대의 문화를 이해하게 된다.

　　『어둠의 왼손』은 소설 자체의 서사적 재미보다는 독특한 설정이 빚어내는 성찰적 고찰이 강점을 발휘하는 작품이다. 등장인물의 갈등과 고난을 그려내는 서술뿐만 아니라, 외계에서 온 일종의 인류학자 역할도 수행하는 겐리 아이가 기록한 각종 보고서가 이야기 중간마다 삽입되는 형식을 취해 게센 사회에 관한 이해를 돕는다. 관찰자 시점에서 작성된 보고서나 겐리 아이가 수집한 구술 기록과 신화, 전설 등 마치 인류학 연구의 결과물처럼 보이는 부분은 소설을 구성하는 전체 20개의 장 가운데 총 7개의 장에 달한다. 이렇듯 『어둠의 왼손』은 설정과 형식 모두에서 상당히 인류학적인 성격을 지닌 작품이다. 특히 주기적으로 성별이 다르게 발현되는 사회라는 설정은 사회문화적으로 구성된 성차에 주목해온 젠더 인류학의 논의와도 긴밀히 연결된다.

여성과 남성의 기질은 생물학적 차이에 의해 결정되는가

워낙 인류학적 색채를 강하게 띠는 작품의 성격 덕에 『어둠의 왼손』을 젠더 인류학 논의와 다양한 방법으로 연결하는 선택도 가능해 보인다. 가장 먼저 떠오른 건 작품의 주제를 여성도 남성도 아닌 이른바 '제3의 성'에 관한 논의와 엮는 방향이었다. 『어둠의 왼손』이 양성인 사회를 다루고 있기도 하고, 실제로 지구상에 존재하는 여성과 남성 사이의 '중간자적' 성별에 관한 인류학적 논의 역시 풍부하기에 손쉬운 해법이 되리라 생각했다.

하지만 작품을 또다시 읽어보고, 작가인 르 귄이 이 작품에 대해 직접 쓴 에세이[3]를 주의 깊게 읽고 나니 『어둠의 왼손』을 제3의 성에 관한 이야기로 봐서는 안 된다는 결론에 도달했다. 이 소설은 어느 관점으로 보건 분명하고 의도적으로 진행된 사고실험의 결과물이다. 특정 시기를 제외하면 성별이 발현되지 않는 사람들이라는 설정을 통해 작가가 하고 싶었던 이야기는 무엇일까? 쉽게 떠올랐던 제3의 성이나 섹슈얼리티의 혼종적 측면과 같은 논의는 확실히 답이 아니다.

그보다 이 작품이 의도한 사고실험은 오히려 현실 세계에서 흔히 보이는, 선명하게 나뉜 성별 이분법에 관한 비판적 고찰에 가깝다. 어떤 성별로 태어나는지가 너무나도 중요한 요인으로 작용하는 인간 사회에서 성별이라는 변수를 제거했을 때, 그 사회가 어떤 모습일지 생각해보자는 게 바로 작가의 의중이다.[4] 이 실험에서 어떤 중요한 변수(A)가 없어졌을 때 함께 사라진 무언가(B)가 있다면 B라는 결과는 A라는 원인으로 인해 존재한다고 봐도 무방하다. 즉 『어둠의 왼손』이 제공하는 사고실험에서 핵심은 게센인에게 우리와 다른 무엇이 있느냐가 아니라, 우리에게는 있지만 게센인에게 없는 게 무엇인지 살펴보는 작업인 셈이다.

르 귄의 사고실험을 더 따라가기에 앞서, 실제 인간 사회에서 성별 이분법이 어떤 방식으로 작동하며 그 작동 방식이 얼마나 다양한지를 짚고 넘어갈 필요가 있다. 현실의 인류에게 성별이라는 요인이 영향을 미치는 구체적인 양상을 이해하면, 성별이 지닌 변수로서의 중요도를 더욱 쉽게 파악할 수 있기 때문이다. 비교문화적(cross-cultural) 관점을 견지해온 인류학은 이 지점에서 기여할 수 있다. 성별 차이를 둘러싼 관습과 인식은 인류의 문화적 다양성을 무엇보다 잘 보여주는 동시에 개별 문화를 구성하는 핵심적인 요소이다. 이에 대해 인류학자들은 생물학적 차이를 나타내는 성(sex)과 구별되는 개념으로, 역사적·문화적으로 구성되는 성별 차이를 가리키는 젠더(gender)에 주목한다. 이처럼 인간의 문화적 실천을 연구하는 학문인 인류학은 "어떻게 특정 사회에서 여성과 남성에게 성 역할을 배치하고 여성성과 남성성에 서로 다른 의미와 가치를 부여하는지 큰 관심을 가져왔다."[5]

특히 인류학은 성별에 따른 인성과 행동 양식이 여성과 남성이 지닌 서로 다른 생물학적 특징에 의해 결정되는 게 아니라, 각 사회의 사회문화적·역사적 맥락에 따라 구성된다는 시각을 강조한다. 이 같은 관점을 교과서처럼 잘 보여주는 민족지 사례가 바로 20세기 초에 이루어진 마거릿 미드(Margaret Mead)의 고전적 연구이다. 미드는 1930년대 초 뉴기니섬의 세 부족사회에서 수행한 현장연구를 통해 성별에 따라 사회가 요구하는 이상적 인성이 문화적으로 구성되고 수행된다는 주장을 펼쳤다.[6] 각각 아라페시(Arapesh), 문두구머(Mundugumor), 챔불리(Tchambuli)라 불리는 세 부족은 여성과 남성의 특성을 규정하는 방식이 서구나 동아시아 사회와는 매우 달랐다.

　　미드의 연구에 따르면 세 부족 중 아라페시족과 문두구머족은 남녀의 기질이 다르다고 생각하지 않았으며, 모두 비슷한 인성을 가졌다고 믿었다. 그런데 그 공통의 인성 자체가 워낙 대조적이었다. 먼저 아라페시족은 여성과 남성 모두 비폭력적이고 협력적인 기질을 지녔다고 여겨 양육도 그 방향에 맞춰 이뤄졌다. 하지만 문두구머족은 아라페시족과 반대로 매우 공격적이고 호전적인 기질을 남녀 모두 갖고 있다고 보았다. 다소 거칠게 요약하면, 아라페시족은 서구인의 관점에서 '여성적'인 인성에 해당하는 기질을 가진 반면, 문두구머족은 제대로 사회화되지 않은 매우 과격한 '남성성'을 가진 사람들이었다. 두 부족 모두 남녀 구분 없이 같은 기질을 이상적인 인성으로 여기지만, 그 내용은 정반대였다.

　　한편 챔불리족은 다른 두 부족과 달리 남녀의 성차

를 확실히 인정하고 유의미한 사회적 요인으로 활용했다. 그
런데 그 양상이 서구 사회와는 반대였다. 여성을 지배적이
고 객관적인 기질을 지닌 주도적인 존재로, 남성을 책임감
이 약하고 감정적으로 의존적인 존재로 여겼다.[7] 이렇듯 너
무나도 상이한 세 부족사회의 사례를 통해 미드는 서구 사
회에서 통용되는 남성성과 여성성(미드는 서구 사회만 언급하고
있지만 아시아의 일부 지역도 크게 다르지 않다.)이 본질적인 특성
이 아님을 강조한다. 인간이라는 동일한 종에 속하는 이상,
남녀의 이상적 인성이 문화에 따라 다르게 나타난다는 것
은 성차가 사회문화적으로 구성된다는 사실을 보여주는 강
력한 증거라는 것이다.

　　　남성성과 여성성을 각각의 축으로 마치 짜기라도 한
것처럼 절묘하게 네 가지 조합으로 맞아떨어지는 미드의 연
구를 두고 적지 않은 비판이 이어졌다. 자신의 연구 결과가
"지나치게 아름다운 패턴"을 보여준다는 비판에 대해, 미드
는 책이 처음 출간되고 15년이 지나 출판된 1950년의 판본
에서 연구 대상 선정에 행운이 따른 건 맞지만 자료의 진실
성에는 거짓이 없다고 항변하기도 했다.[8] 또한 미드의 논의

가 문화의 역할을 지나치게 강조하는 상대주의적 관점에 치우쳐 있다는 지적도 제기되었다. 하지만 극심한 생물학적 결정론이 미국을 비롯한 서구 사회 전반에 만연해 있던 1930년대 당시의 시대적 맥락을 감안한다면 이 연구가 보여주는 '지나침'은 충분히 이해가 가는 측면이 있다.[9]

　성별에 부여되는 특성이 문화적으로 구성된다는 주장을 통해 미드는 특정한 기질과 그에 따른 행동 방식만을 허용하는 사회에 적응하지 못하는 개인, 즉 일탈자(deviant)의 문제를 함께 제기하고자 했다. 민족지에서 세 부족사회를 다루는 각 파트의 마지막 장마다 해당 사회의 일탈자를 공통으로 다뤘다는 사실은 일탈자를 둘러싼 문제가 이 연구의 핵심 주제였음을 보여준다. 미드는 각기 다양한 기질을 타고난 사회 구성원에게 성별에 따라 한 가지 유형의 기질만을 강요하는 사회가 그렇지 못한 이들을 얼마나 불행하게 만드는지 그려냈다.[10]

　무엇보다 미드의 독특한 민족지 사례는 젠더가 사회문화적으로 구성된다는 것을 증명함으로써 당연시되어온 성차에 대한 인식이 본질적이거나 당연한 것이 아님을 깨닫게 해준다. 미드의 연구 이후 젠더 인류학은 계속 발전하여 각 문화에서 서로 다른 성 역할을 부여하고 성별에 따른 위계를 만드는 요인은 무엇인지 탐색해왔다. 특히 1974년 출간된 『여성·문화·사회』[11]는 생물학적 결정론이 여전히 주도적인 입지를 차지하던 상황에서 다양한 민족지적 사례를 소개하여 젠더 개념의 확립과 페미니즘 운동의 확산에 기여했다. 일례로 이 책에 실린 인류학자 셰리 오트너(Sherry Ortner)의 연구는 여성을 향한 억압이 여성성과 남성성에 문화적으로 차등적인 가치를 부여하기 때문에 생겨난다는 점을 강조한다. 오트너에 따르면 인간은 서로 다른 상징을 활용해 자연과 문화라는 이분법을 만들고, 자연은 문화에 도달하지 못한 열등한 상태로 간주한다.[12] 이때 여성은 출산이라는 역할로 인해 '자연'과 가까운 상태로, 반대로 남성은 자연을 극복하고 통제하는 '문화'의 존재로 이분화되어 남성을 우위에 두는 인식이 당연시된다는 것이다.[13]

　　이 같은 차별적 인식은 서구와 동아시아의 전통사회, 그리고 우리가 살아가는 현대사회에 여전히 강력한 기제로 작용하고 있다. 이렇듯 남성성이 우위에 있고 그에 따라 얼

는 것도 많은 세상에서 대다수 여성과 '남자답지 못한' 남성
은 불리한 위치에 놓일 수밖에 없다. 남녀를 불문하고 남성
적 기질을 지닌 사람이 유리한 지위를 점하기 쉽고 그로 인
해 얻는 이익도 클 수밖에 없는 현실은 르 귄의 소설이 우
리에게 주는 메시지와도 맞닿아 있다.

전쟁이 없는 세계에 대한 상상과 현실

앞서 지적했듯이 『어둠의 왼손』이 제공하는 사고실험에서
중요한 건 우리에게는 있지만 게센인에게 없는 게 무엇인지
살피는 작업이다. 이와 관련해 르 귄은 자신이 진행한 실험
을 통해 게센인에게 없는 세 가지 주요한 요소를 직접 강조
했다.[14] 작가에 따르면 게센은 인간관계에 지속해서 작용하
는 요인으로서의 섹슈얼리티가 없는 동시에, 착취와 전쟁이
없는 사회이다. 작가는 현실의 인류에게서 성별이라는 요인
을 제거하고 나면 섹슈얼리티와 착취, 그리고 전쟁이 없는
세상이 남는다고 본 것이다.

　　사실 게센의 양성인을 묘사하며 르 귄이 의도치 않게 놓친 지점들도 적지 않다. 이는『어둠의 왼손』에 쏟아진 찬사에 못지않게 논란과 비판 역시 초래했다. 한 가지 예로 작품에서 케메르 기간 동안 가능한 성적 관계가 전형적인 이성애만을 상정한다는 점을 들 수 있다. 작품은 게센인의 생리 구조에 관해 서술하며 케메르 단계에서는 다른 성별 사이에서만 성적 관계가 이뤄진다고 해 사실상 게센인 모두를 이성애에 가둬버리고 말았다. 이와 관련해서 작가는 자신의 실책을 분명하게 인정한 바 있다. 르 귄은 케메르 단계에서 동성애가 가능하며 성적 지향으로 차별하지 않는 사회라는 설정을 생략해버린 데 대해 무척 후회한다는 언급을 남겼다.[15]

　　그보다 더 크게 비판받은 지점은 작품 속 게센인이 양성인으로 보이지 않고 남성처럼 보인다는 것이었다. 이는 기본적으로 한국어와 달리 성별을 구분하는 인칭대명사(he와 she)가 존재하는 영어로 글을 쓰기에 생기는 문제였다.『어둠의 왼손』에서 르 귄은 케메르 단계가 아닌 게센인을 칭할 때 he라는 남성 인칭대명사를 사용했는데, 그로 인한 비판은 불가피했다. 성 중립 언어로서 they(그들)가 3인칭 단수 대명사로 사용되는 최근이었다면[16] 고민 없이 한 명의 게센인을 they로 칭해도 무리가 없었겠지만, 1969년 발표된 르 귄의 소설은 당시의 시대를 멀찌감치 앞서 나가 있었다.

한국어의 경우 본래 성별에 따른 인칭대명사를 구분하지 않는다. 근래 번역체의 영향으로 남녀를 '그'와 '그녀'로 굳이 나누어 지칭하는 경향이 강해지긴 했으나, 인칭대명사 대신 인물의 이름을 사용해도 어색하지 않다. 그 덕에 『어둠의 왼손』 한국어 번역본을 읽을 때 대명사로 인한 오해나 불편함은 크게 느끼지 않았다. 하지만 작품에 등장하는 게센인 다수가 남자처럼 보인다는 지적에는 상당 부분 공감했다. 특히 작품에서 큰 비중을 차지하는 등장인물이자, 작품의 또 다른 주인공인 에스트라벤을 계속해서 '남자'로 간주하며 읽고 있는 자신을 의식하기 일쑤였다. 그리고 이는 작품을 발표하고 20년이 지난 뒤에 르 귄 역시 작품의 "진짜 결함"으로 꼽은 부분이었다.

불행히도, 내가 책을 쓸 때 떠올린 플롯과 구조에서 게센인

주동인물 에스트라벤은 우리가 문화적으로 '남성'이라고 지각하도록 조건 지어진 역할들만 맡았다. 수상이고, 정치 모사꾼이고, 도망자이며, 탈옥수이고, 썰매를 끌고…… 내가 이렇게 설정한 이유는 개인적으로 남자가 아닌 양성인이 이 모든 일을 하고, 심지어 상당한 기술과 재주를 보여주는 모습이 즐거웠기 때문인 듯싶다. 그러나 독자에게 보여줄 때는 내가 너무 많이 빠뜨렸다. [……] 그래서 우리는 "그"를 남자로 보게 된다.[17]

　작품은 의도적으로 현실에서 응당 남성이 담당하는 역할(챔불리족이라면 여성이 맡겠지만)을 양성인이 수행하게 함으로써 기존 성 역할의 전도를 꾀했지만, 르 귄마저도 완벽하게 그 작업을 해낼 순 없었던 셈이다. 그만큼 우리 사회에서 남성성 내지 남자다움에 부여된 이미지는 공고하다. 다른 한편으로, 이렇듯 남성성이 대표하는 기질이 워낙 선명하기에 르 귄 역시 '성별이 없는 사회'를 사실상 '극단적인' 남성성이 표출되지 않는 사회로 그려낸 것이기도 하다. 결국 『어둠의 왼손』에 묘사된 양성인의 사회는 제3의 성도, 여성

성도 아닌, 남성성에 관한 이야기를 위해 쓰였다고도 볼 수 있다.■

성별을 제거하고 나면 착취와 전쟁이 없는 사회가 남는다는 이 작품의 사고실험이 뜻하는 바는 자명하다. 실제로 르 귄은 2009년 발간된 『어둠의 왼손』 40주년 기념판 서문에서 작품을 구상하며 양성인의 세계를 먼저 떠올린 게 아니라 전쟁이 존재하지 않는 세계를 어떻게 그릴 수 있는지를 먼저 고민했다고 밝혔다.[18] 그렇다고 하여 그 고민이 인간이라는 존재가 지닌 공격성이나 경쟁심을 간과한 건 아니었다. 인간의 그 같은 측면은 충분히 고려한 채, 군대라는 집단을 조직해 수행하는 전쟁이 없는 세상을 상상한 끝에 작가가 도달한 지점은 바로 남성성이 없는 세상이었다.

이와 관련하여 르 귄은 생전에 마지막으로 집필한 장편소설인 『라비니아』[19]에서 일반적인 역사 서술, 즉 남성 영

■ 남성성을 제거함으로써 역설적으로 남성성에 관한 이야기가 된 『어둠의 왼손』을 여성성, 그리고 게센인의 '일반적 상태'인 무성성이라는 측면에서 다시 고찰한 글이 바로 이어지는 두 번째 가상 민족지다. 이 글에서는 1969년의 르 귄이 택하지 않았던 또 다른 방향의 젠더 전복적 논의를 2020년대의 한국인 여성의 관점에서 다시 펼쳐 보인다.

웅이 이끌어가는 전쟁과 정복의 서사를 재해석한 흥미로운 이야기를 펼쳐냈다. 이 작품은 제정 로마 시대 초기의 시인인 베르길리우스의 서사시 「아이네이스」에서 영감을 받은 이야기로, 제목인 '라비니아'는 소설 속 주인공이자 화자의 이름이다. 트로이전쟁과 로마 건국 신화를 엮어낸 2000년 전의 서사시에서 라비니아는 주인공 아이네이아스의 아내로 잠시 언급되는 단역에 불과했다. 그런데 르 귄은 상상력을 발휘하여 남성의 이야기인 「아이네이스」를 여성인 라비니아의 관점으로 재구성한다. 남성 중심의, 전쟁 중심의 건국 신화에서는 생략된 주인공의 아내, 정확히는 주인공의 아내가 되기로 운명 지어진 여성의 입장을 따라가며 공식적인 기록이나 신화 이면의 이야기를 다시 상상해보도록 돕는다.

　　역사와 신화에서 흔히 영웅으로 그려지는 주인공 남성은 주로 전쟁이나 군사 원정의 결과로 영광을 누리지만, 사실 그 영광은 결국 파괴와 살육이 자아낸 결과이다. 전쟁이 남긴 무훈과 상처는 전장의 명예라는 이름 아래 정당화되지만, 모두가 같은 목적과 동등한 자격으로 전쟁에 개입

하는 건 결코 아니다. 르 귄은 주인공 라비니아의 목소리를
빌려 이렇게 말한다.

> 사람들은 마르스 신이 전쟁의 범죄로부터 전사들의 죄를 용
> 서해준다고 말한다. 그러나 전사가 아니었던 이들, 결코 싸
> 우기를 원치 않았지만 그래도 전쟁을 위해 싸워야 한다고
> 들었던 이들, 그들의 죄는 누가 사하여줄 것인가?[20]

전쟁은 여성과 어린이 등 무고한 이들과 더불어 "전
사가 아니었던 이들", "결코 싸우기를 원치 않았"던 이들처
럼 타의에 의해 전쟁에 끌려 나온 무수한 이들을 희생자로
만든다. 남성성이 극단적으로 표출된 결과가 전쟁이라면, 바
로 그런 극단적인 남성성과는 거리가 먼 수많은 사람이 과
하게 '남자다운' 일부 인물 때문에 희생되는 셈이다.

인류 역사상 전쟁이 없었던 시기는 거의 없었다고 한
다. 2024년 현재에도 우크라이나를 비롯한 세계 각지에서
전쟁이 진행 중이고, '남성성'을 과시하는 정치 지도자 상당
수는 걸핏하면 전쟁을 입에 올린다. 교섭과 양보, 협력에 힘

쓰는 대신 스스로 책임질 수 없는 큰소리만 앞세워 자신의 정치적 무능을 덮으려드는 그런 지도자들을 우리는 충분히 보아왔다. 과도한 남성성이 책임감도 함께 가져오는 건 아니라는 사실을 확인한 지금의 현실에서, 도대체 언제까지 남자다움과 리더십을 같은 기준으로 봐야 하는 걸까.

가상 민족지 ②

『어둠의 왼손』의 이야기,
그 후 5년 뒤

다시 방문한 게센

두 번째 가상 민족지는 앞선 글에서 다룬 『어둠의 왼손』을 소재로 삼는다. 『시녀 이야기』를 소재로 한 첫 번째 가상 민족지가 다소 전형적인 인류학 학술논문의 형식을 빌렸다면, 이번 가상 민족지는 인류학 연구자의 현장연구 보고서 형식을 빌렸다. 그로 인해 이 글은 인류학자가 수집한 자료를 분석해 논문으로 출판하기 이전 형태, 즉 조금 더 정제되지 않은 형태를 띠고 있다. 그러면서도 특정 시기에만 성별이 발현되는 게센인의 특성을 다른 각도에서 조명하여 『어둠의 왼손』이 미처 다루지 못한 논의를 부각했다.

　　이미 언급한 것처럼 『어둠의 왼손』은 전체 20개 장 가운데 7개의 장이 마치 인류학자의 연구 성과나 수집 자료처럼 보이는 형식으로 구성되어 있다. 이번 가상 민족지 역시 그 점에 착안하여 소설의 한 챕터를 패러디한 방식으로 썼다. 가상 민족지의 제목인 '21. 다시, 성(性)에 관한 의문'은 『어둠의 왼손』 7장인 「성(性)에 관한 의문」에 대한 응답인 동시에, 스무 장으로 이루어진 소설 본편에 이어지는 이야기라는 점에서 '21'이라는 숫자를 붙였다. 서두의 도입 "게센/겨울 행성에 대한 제4차 에큐멘 조사대 조사원의 현장

보고서에서. 에큐멘력 1502, 테라 사이클 20." 역시 소설 본편 7장의 도입을 활용한 표현이다. 작품 속 양성인의 특성을 설명하기 위해 배치된 소설의 7장은 "게센/겨울 행성에 대한 제1차 에큐멘 조사대 옹 토트 오퐁 조사원의 현장 보고서에서. 에큐멘력 1448, 헤인 사이클 93."이라는 도입부로 시작한다. 『어둠의 왼손』의 주인공인 겐리 아이의 저술이 에큐멘력 1490~1497년 사이에 기록되었음을 감안해 가상 민족지는 겐리 아이의 이야기가 끝난 뒤 5년이 지난 에큐멘력 1502년, 지구(테라) 출신의 연구자의 기록물로 설정했다.

이번 가상 민족지가 보여주는 또 다른 특징은 연구자 자신의 개인적 감상이 드러나는, 다소 자유로운 서술 형식이다. 이는 인류학계에서 1980년대 이후 새롭게 부상한 이른바 '성찰적 민족지(reflexive ethnography)' 스타일을 반영한 서술이다. 성찰적 민족지에서 서술자는 연구자의 개인적 배경이나 사회적 위치를 적극적으로 반영하여 분석에 활용한다. 이처럼 여타 사회과학과 달리 인류학은 연구자의 주관적 입장과 위치를 드러내는 글쓰기가 상대적으로 용인되는 편이다. 그 바탕에는 연구자와 연구 대상 사이의 권력관계와 인류학적 지식 생산의 객관성이라는 문제를 성찰해온 인류학계 내부의 자기비판적 흐름이 놓여 있다. 1970년대 중후반 이후 인류학 내부에서는 20세기 전반 식민주의 시기에 서구 백인 인류학자가 비서구 유색인 집단을 대상으로 진행한 연구에 식민-피식민 관계가 놓여 있었음을 날카롭게 지적하고, 연구자의 주관이 개입하지 않는 '객관적인' 연구가 가능한지 자문해왔다. 이를 비롯한 여러 자기 성찰의 결과, 1990년대 이후 인류학 민족지에서는 다른 학문 분야에서라면 쉽게 받아들여지지 않는 자유로운 글쓰기 방식이 활용되고 있다.

　　이 글에서는 가상 민족지의 저자로 지구 출신의 여성 연구자를 상정하여, 소설의 주인공 화자가 남성이라는 설정을 다시 점검한다.(물론 작가인 르 귄은 여성이다.) 이를테면 임신과 육아의 행위 성별이 여성으로 고정되어 있는 지구인의 입장에서 소설이 이에 관한 불안 등을 다룬 방식을 비판적으로 검토해나간다. 동시에 남성인 주인공 겐리 아이가 보이는 (게센인의 일생에서 대부분을 차지하는) '무성성'에 대한 거부감을 여성의 입장에서 지적하고, 게센인의 기본 상태인

"무성 상태의 일반성"이 갖는 의미를 인류학적 감수성을 활용해 분석한다.

이처럼 소설 본편을 대상으로 한 '비틀기' 분석이 가능한 건 역설적으로 『어둠의 왼손』이라는 소설이 그만큼 풍부한 상상과 성찰을 가능케 하는 작품이라는 점에 기반한 결과이기도 하다. 참고로 가상 민족지에 등장하는 『겐리 아이 게센 자료집』은 다름 아닌 『어둠의 왼손』을 가리킨다. 『어둠의 왼손』의 무대인 게센을 방문한 겐리 아이가 지구 출신의 남성이었다면, 지구 출신의 여성 연구자가 방문해 관찰한 게센인은 어떻게 해석될 수 있는지 살펴보자.

21. 다시, 성(性)에 관한 의문

게센/겨울 행성에 대한 제4차 에큐멘 조사대 조사원의
현장 보고서에서. 에큐멘력 1502, 테라 사이클 20.

1. 들어가며: 연구의 배경과 목적

올해는 게센이 에큐멘과 동맹을 맺은 지 5주년이 되는 해다.
에큐멘 연맹에서는 게센과 경제적·문화적 연계를 구축하기
위해 여러 차례 파견단을 보내왔다. 이와 관련하여 학술적
문화 연구를 위한 조사대가 다양한 영역에서 대규모로 꾸려진
것은 이번이 네 번째다. 그중 두 번은 게센-에큐멘의 동맹
관계가 형성되기 이전이었으므로 실상 정식 허가를 받은
연구가 행해진 것은 두 차례뿐이라 하겠다. 필자는 제4차
조사대로 파견되어 인류학 연구팀 소속으로 젠더 관련 연구를
수행하고 있다.

　　　제4차 조사대의 일원으로 합류한 필자는 초기 인류학
연구들을 살펴보면서 흥미로운 점을 발견했다. 상당히 많은
연구들이 이른바 '이야기식의 서술'을 반복한다는 점이다.
예컨대 어떤 연구자는 게센인의 "초연한" 성격을 구실로
그들을 일종의 예언자나 현자처럼 묘사하였고(이들 문화에
'예언' 의례가 남아 있기는 하다.), 또 다른 이는 게센에서의 삶과

비교하여 에큐멘인들의 삶이 얼마나 피폐하고 경쟁적인지를
토로하기도 했다. 심지어 도표를 동반한 설문 분석에서도
설명은 칼로 잰 듯 엄격하지 않았다. 거기에 더해 게센에 대한
기존 인류학 연구들은 전반적으로, 또는 글의 말미에 연구자
개인의 감상을 솔직하게 반영하고 있다.

이는 연구자가 자신의 위치를 비교적 강하게 반영하는,
인류학적 글쓰기가 지닌 성격 때문일 수도 있다. 아니면 게센에
관한 에큐멘의 연구 중에서 가장 기념비적으로 평가되는
겐리 아이의 저술■에서 비롯된 유행으로 보이기도 한다.
그도 아니라면 게센인들의 '현재'는 또 관찰하기 어려우며,
또는 친밀해진 게센인들과 헤어지고 나서 다시 만날 기회가
요원해진다는 사실이 착잡하게 다가온 결과일 것이다.
필자도 시간 이동자들 특유의 멜랑콜리를 이따금씩 느꼈음을
고백한다.

뒤이어 전개할 글 또한 '감상적'이라는 혐의를 완전히
벗지는 못하리라. 그러나 필자는 제4차 조사대 인류학
연구팀의 성과를 비롯하여 지난 5년간 축적된 인류학 연구,
그리고 동맹 이전 다소 산발적으로 이루어진 연구들을
비판적으로 되돌아보며, 게센인의 성(性)에 대한 새로운 시각을
제시하고자 한다.

■　　게센/겨울 행성의 제1모빌인 겐리 아이로부터의 보고. 에큐멘력
　　　1490～1497, 헤인 사이클 93. 일명 『겐리 아이 게센 자료집』.

에큐멘에서 '게센인의 성'에 대한 지대한 관심은 반드시 학술적인 영역에만 국한되지 않는다. 이에 대해서는 제1차 조사대의 연구 보고서에서도 간략하게나마 묘사된 바 있다.■□ 이후 조사원 아이가 저술한 그 유명한 자료집에서도 게센인의 성적 특질은 단편적으로만 언급되고 있다. 그러나 일명 『겐리 아이 게센 자료집』(이하 '자료집')에 대한 높은 평가에도 불구하고, 연구자로서 몇 가지 한계를 지적하지 않을 수 없다. 아이는 게센인의 외모나 태도에서 성적인 기질만을 포착해 언급하는 데 그쳤으며, 본인이 기존에 지녔던 '여성성' 또는 '남성성'의 관념을 극복하지 못했다. 제3차 조사대의 젠더 연구자 또한 이러한 점은 지적하고 있지만, 이때 이루어진 연구도 에큐멘식 '양성' 구분을 전체적인 틀로 삼아 게센인의 신체적 특징을 서술하는 데 그쳤다.

알려진 바에 따르면 성장을 마친 게센인의 평균 신장은 150센티미터 안팎이며(지역별로 다소 차이가 있다.), 몸무게는 50~60킬로그램 정도이다. 이는 통계적 평균으로 사람에 따라 차이를 보인다. 또한 기존 연구에 따르면, 에큐멘인과 달리 게센인들은 케메르 때를 제외하면 성별에 따른 차이가 신체에서 두드러지지 않는다. 일반적으로 게센인이 약간 더 작다는 점만 제외하면 그들은 에큐멘인 '여성'과 '남성'의 중간

■□   게센/겨울 행성에 대한 제1차 에큐멘 조사대 옹 토트 오퐁의 현장 보고서.
       에큐멘력 1448, 헤인 사이클 93.

어디쯤에 있다는 것이다.

　　그러나 이러한 설명은 에큐멘의 젠더 논의에서
극복해야 할 대상으로 여겨지는 '양성' 구분을 넘어서지
못한다. 2차 조사를 마친 겐리 아이는 헤인으로 돌아와
진행한 강연에서, 게센의 '성 구분'을 마치 음양의 형상과
같다고 주장한 바 있다. 이해를 돕기 위한 표현이겠으나 이는
엄밀한 의미에서 틀렸다. 이분법적 구분으로는 게센인의
복잡하고 다층적인 성의 발현 양상을 충분히 설명할 수 없기
때문이다. 또한 아이는 게센인에게는 성적 위계가 존재하지
않는다고 주장하지만 분명치 않다. 필자의 관찰에 따르면
케메르 기간은 기존에 잠재해 있던 성이 가시화되는 구간이며,
그 3~5일 동안에는 소메르(25~30일) 기간 동안 잠재해 있던
성적 위계 또한 다층적으로 발현된다. 아이는 게센인의
삶과는 거리가 있는 '양성 구분'으로 이를 포착하려고 했으니,
심층적인 부분은 물론 전체적인 양상을 살펴보는 데도 한계가
있었으리라 보인다.

　　게센인이 성적으로 금욕주의자에 가깝다는
에큐멘인(특히 테라인)의 시각은 이제 새롭지 않다. 오히려
아이가 지적했듯이 게센인의 시각에서 테라인은 항상 성도착
상태에 있는 것이나 다름없다. '고정된 성'은 게센에서 일종의
금기로 여겨진다.

　　혹자는 게센인의 케메르 기간을 '슈뢰딩거의 고양이'에

비유하기도 한다. 고양이의 생사, 즉 성의 발현 양상은 여전히 미지의 세계로 남겨져 있다는 점에서 이 비유는 어느 정도는 옳다. 그러나 화학 약품을 이용하거나 본인의 신체 리듬에서 정형성을 찾고자 하는 시도들은 케메르를 통제하려는 노력의 일부이다. 그런가 하면 게센인들은 케메르 기간을 의도적으로 조정하여 다른 이와 맞추거나 어긋나게도 한다. 또한 케메르는 물론 본인의 성이 어떻게 발현하느냐에 따라 이후 소메르 기간의 삶이 바뀌기도 하며, 여기에는 게센인의 의지와 선택이 개입하기도 한다. 따라서 게센인의 성을 완전히 '자연'에 종속되는 것처럼 묘사하기는 어렵다.

이와는 별개로 게센인의 성을 둘러싼 '자연' 개념이 어떻게 재구성되는지도 흥미를 갖고 살펴볼 지점이다. 게센인이 주로 소메르와 케메르를 번갈아 겪는다는 관찰은 신체적 변화를 뜻하기도 하지만, 그 구분은 뚜렷이 '자연'에의 비유를 뜻한다. 게센인의 역법은 자신의 성을 표현하는 데 있어 핵심적인 요소이다. 굳이 비교하자면 소메르는 어둠, 그리고 케메르는 빛이다. 케메르는 달이 가장 밝을 시기(포스세~오드소르드니)를 전후한 날들에 해당하며 이는 매달 돌아온다.

또 다른 '자연'이라는 층위는 게센인이 자신의 케메르를 통제하려는 노력과 대비되는 차원에서 언급된다. 게센인의 종교에서 '성-자연'에 대한 함의는 다양한 지점에서

나타난다. 예컨대 예언자들의 구성이 함의하는 성적 다양성
및 도착성(倒錯性), 그리고 소메르와 케메르를 아울러 이행하는
과정은 그 일부이다.

　　　이러한 지점에 초점을 맞추고 필자는 기존의 연구들을
발판 삼되 새로이 발견된 사실들을 참고하여, 게센인의 삶에서
성의 주기가 어떠한 양상을 띠며 성이 어떻게 발현하고
어떠한 사회적 함의들로 발전되는지 살펴보고자 한다. 필자는
카르히데의 수도 에르헨랑에서 두 달 남짓 머물며 연구를
수행했으며 필요에 따라 주변 도시를 왕래하기도 했다. 필자가
관찰한 내용 중 대부분은 해당 지역에 국한된 것일 수 있으며,
주변 지역과 비교하지 못한 한계가 있음을 밝혀둔다.

2. '빛의 구간': 케메르 시기에 뒤섞이는 사회적 관계들

게센인의 케메르에 대해서는 에큐멘에서도 꽤 많이 알려진
편이다. 게센인이 성적 충동을 특정한 시기에만 느끼며 이
시기에 서로에게 끌린 이들끼리 '케메르 관계'를 맺는다는
사실은 에큐멘에서 너무나도 생소하게 여겨졌다. 케메르
기간은 게센에서의 한 달(26일) 중 불과 3~5일에 불과하지만,
이 시기에는 "성적 충동이 너무나도 강력해서 그 충동이 인격
전체를 지배하고, 그 밖의 모든 충동을 억누른다."▪ 오퐁에

따르면 케메르는 몇 단계를 거쳐 절정에 달하는데, 이때 이성(異性)으로 발현된 상대방의 존재는 필수적이다. 케메르 관계에 놓인 개인은 서로 평등하며■□ 고대 우화들은 이를 "적대적이지만 친밀"한, 매우 복잡한 관계로 묘사하고 있다.

아이를 비롯한 기존 연구자들은 편의를 위해 '여성적'이거나 '남성적'이라는 표현으로 게센인의 성을 설명해왔다. 그러나 이는 에큐멘에서의 양성 구분을 그대로 답습하는 오류이다. 필자의 관찰에 따르면 게센인의 성은 성격이나 취향에 달라붙은 고정된 특질로 이야기되지 않으며, 주로 선호하는 성적 취향이나 특정한 신체적 특징과 연계한 '과정'으로 분류된다. 예컨대 자궁이 생기는 변화, 생식기가 팽창하거나 수축하는 변화, 에큐멘에서 성도착으로 분류되는 S/M(가학피학성) 성향으로의 변화(이는 신체적 조건과 정형적으로 상응하지 않는다.), 성감대 위치의 변화 등이다. 필자가 연구 기간 동안 확보한 진술만으로는 게센인의 성을 모두 아우를 만한 분류 체계를 세우기 어렵다. 그러나 에큐멘인의 분류 기준을 이들에게 그대로 적용하기 어렵다는 점만은 확실하다.

마찬가지로 기존 연구들은 "이성으로 발현된 상대방"이

■   오퐁, 앞의 책.
■□   게센은 공식적으로 신분의 차등을 두지 않는다. 그러나 제사장—왕—
      영주—영주민으로 이어지는 피라미드형 위계가 존재하며, 고위 정치인이나
      제사장에 대해서는 통상적으로 예우를 갖춘다. 이러한 사실을 감안하면,
      노예제는 없지만 모종의 신분 질서가 존재한다고 보는 것이 설득력 있다.

정확히 어떤 조건을 갖춰야 하는지도 기술하지 않았다. 앞선
연구자들은 케메르 관계를 일시적이기는 하나, 마치 여성과
남성의 이성애 관계와 별반 다르지 않게 기술했다. 이는
'자료집' 번역에서 가장 흔하게 보이는 묘사이기도 하다.▪
그러나 필자가 관찰한 바에 따르면 서로 상당히 유사한 신체적
특징을 갖춘 게센인 둘도 케메르 관계를 맺을 수 있었다.
에큐멘에서는 '동성애'라 부를 만한 관계였다. 이를 짐작할
만한 내용은 '자료집'에도 이미 나와 있다. 케메르 관계에
놓인 두 사람은 (소메르 기간에도) 서로를 친족을 지칭하는 말로
부른다. 아이는 이를 "형"으로 번역했지만 이는 에큐멘에서
남성 간의 관계만을 가리키므로 적절한 번역어는 아니다.
여기에 해당하는 게센어는 '베스테레'이며, 이는 부르는 이와
불리는 이의 성적 특질을 드러내지 않는다는 점에서 형이나
언니 따위의 호칭과는 다르다.

　　이러한 호칭은 보다 넓은 범위에서도 흔히 사용되는데,
게센에서는 부모가 같은 이들도 서로 케메르 관계를 맺을

▪　　예컨대 다음 부분에서 필자는 '여자' 대신 다른 번역어가 필요하다고
　　제안한다. "[가움은] 케메르의 절정기에 이른 상태로 나타나(호르몬
　　촉진제를 쓴 게 분명하다.) 나를 유혹하려 했다. […⋯] 그는 계속 달콤하게
　　속삭이고 중얼거리며 내 두 손을 잡았다. 그는 여자로 아주 빠르게
　　바뀌어가고 있었다. 가움은 케메르일 때 아주 아름다웠으며, 자신이
　　아름답고 성적 매력이 있다는 사실을 잘 알았고, 내가 한다라에 속해
　　있기에 케메르 억제제를 쓰지 않을 것이며 따라서 이 상황을 버티며 계속
　　금욕을 하지는 못하리라고 생각한 듯하다." ('자료집', 221~222쪽)

수 있으므로 실제로 혈육이 아닌 이들 사이에까지 용어가
확장된 것으로 보인다. 에큐멘에서는 흔히 '근친상간'이라고
하는 금기가 게센에서는 통용되지 않는다. 게센인들은
베스테레끼리도 어렵지 않게 케메르 관계를 맺는다. 다만 앞선
연구들이 지적했듯이 이런 케메르 관계는 한쪽이 아이를 낳은
다음에는 반드시 깨져야만 한다. 그 이유는 정확히 알려져
있지는 않다. 유전병의 확산을 막기 위해서라거나, 아니면
영주 내의 인구를 일정하게 유지하기 위함이라는 몇 가지 설이
존재할 뿐이다.

다만 베스테레 간이 아니라면 케메르는 영속적인
관계로 인식된다. 케메르는 일종의 서약이며 맹세이다.
기존 연구들이 지적하듯이 이는 법적인 구속력은 없지만
사회적·윤리적으로 오래된 관습이다. "케메르 맹세는 평생 한
번만 할 수 있다."라는 암묵적인 규칙 때문에 이제 케메르는
에큐멘에서도 낭만적인 시적 언어처럼 유통되고 있는
듯하다.(필자는 테라의 대형 마트에 전시된 밸런타인데이 카드에서
이러한 경향을 확인할 수 있었다.)

그러나 케메르는 에큐멘에서 '부부'라 불리는
관습보다 훨씬 더 유연하고 구속력이 약한 관계이다. 필자는
에르헨랑에서 몇 차례의 심층 면담을 통해 다음과 같은 사실을
알 수 있었다. 우선 공식적으로 케메르 관계에 있지 않더라도
성애 관계를 맺을 수 있다. 케메르 관계는 꼭 성애나 이와

비슷한 심리 상태를 동반하지는 않는다. 어떤 이들은 아이를
낳기 위해, 재정적인 문제로, 또는 성애적인 관계가 아니더라도
함께 살고 싶어서 케메르 관계를 맺기도 한다. 그렇다고 케메르
관계에 있다고 해서 꼭 함께 사는 것도 아니다. 또한 오퐁이
지적했듯이 반드시 두 사람만 케메르를 맺는 것은 아니다.
오퐁이 "난교"라고 지칭한, 여러 사람이 동시에 맺는 성애
관계도 얼마든지 가능하다.(이에 관한 몇몇 사실은 실상 케메르와
에큐멘식 부부가 그리 다른 개념은 아닐지 모른다는 결론에 다다르게
한다.)

　　　이 점은 필자를 매우 헷갈리게 했다. '성적 흥분을
느끼는 상태'로 케메르 구간을 정의한다 해도, 사람들이 이
시기에 맺는 여러 형태의 '친족(케메르) 관계'들은 꼭 성애적이지
않을 수도 있다는 것이다. 필자가 내린 결론은 다음과
같다. 케메르는 게센인들의 성적 주기 중 특정한 구간을
뜻하기도 하지만 동시에 이와는 구별되는 의미로 다종다양한
형태의 '친족'을 일컫기도 한다. 또한 케메르는 게센인들의
섹슈얼리티가 발현되는 시기이기도 하지만, 이들이 다른
이와 모종의 이유로 친족을 맺기 위해 적극적으로 활용하는
구간이기도 하다.

　　　그러나 게센에 존재하는 모든 종류의 친족이나 식구가
케메르에 속하지는 않는다. 게센인들은 굳이 다른 이들의
인정을 구하지 않고도 함께 살고 생활한다. 그러나 여전히

많은 이들이 외부에 케메르라 선언할 수 있는 종류의 친족을 선호하고 있음은 분명하다. 또한 이른바 '케메르됨'이 우정이나 호감과는 분명히 다른 것으로 보인다. 케메르됨의 복잡한 의미는 앞으로도 좀 더 깊은 차원에서 연구할 필요가 있다.

한편 왜 꼭 케메르 구간에만 케메르 관계를 선언할 수 있는지는 정확히 알려진 바 없다. 이는 앞으로 여러 자료를 참조하여 분석해볼 필요가 있다. 케메르에 대한 기록은 행정 문서들보다는 구전문학이나 소설 등에 풍부하게 남아 있다. 케메르를 규정하는 게센의 법은 특별히 존재하지 않는데 게센을 구성하는 국가들의 규모와 복잡한 구성을 감안하면 이는 매우 특이한 점이다. 다만 바로 이 때문에 케메르 관계가 다양한 양상으로 조립되고 이용될 수 있는 것으로 보인다.

3. '어둠의 구간': 소메르에 남은 삶의 문제들

게센인들에게 '어둠의 구간(소메르)'은 케메르로의 이행을 위해, 그리고 케메르가 끝난 뒤 이를 정리하기 위해 필수적인 시기이다. 케메르 관계에 있는 평범한 개인들은 소메르 구간에서 관계를 정비한다. 케메르 구간에는 '(아무 일도 일어나지 않을 수 있지만) 점잖다고는 할 수 없는' 또는 '매우 사적인' 일들이 복잡하게 얽히곤 한다. 케메르 구간을 맞은 개인은

게센인들이 "통상적인 예외"라 부르는 너그러운 분위기를
즐긴다. 예컨대 케메르 구간에 반드시 겪는 성적인 흥분
상태를 구실로 많은 게센인들이 '케메르집'에 간다. 그러나
케메르집에서 케메르 관계를 맺는 이들은 그리 많지 않아
보인다. 대신 케메르집에서 익명의 누군가를 만나 성관계를
하고 헤어지는 것이 일반적이다. 이 자체가 비밀스럽거나
터부시되지는 않지만 케메르 구간에 있기 때문에 일시적으로
용인되는 사생활로 여겨진다. 그리고 아이가 '자료집'에서
언급하였듯이 이 기간을 전후한 성적 흥분은 자유롭고 즐거운
얘깃거리가 되곤 한다.

하지만 이러한 분위기는 소메르 구간까지 이어지지
않는다. 에큐멘인의 시선에서 소메르는 그야말로 금욕의
구간이다. 소메르에 성적으로 흥분하거나 아예 소메르를 겪지
않는 이들은 '성도착자'로 규정된다. 기존 연구들은 게센에는
성범죄가 없다고 공통으로 주장하는데, 필자 또한 이와 같은
사례를 확인할 수 없었다. 또한 에큐멘에서의 '성범죄'에
상응하거나 이와 유사한 단어도 없었다. 일명 '어둠의 구간'이
케메르보다 길다는 특성 때문에 케메르에 비해 게센인들의
생활에 끼치는 영향력이 더 큰 것은 아닐까 짐작한다.

소메르 구간을 바람직하게 이행하는 것은 게센인들에게
요구되는 소양이다. 반면 케메르 구간은 그렇지 않다. 필자는
상당히 많은 수의 게센인들이 '케메르 억제제'를 사용하는

것을 볼 수 있었다. 카르히데인들은 케메르로 인해 예상할
수 없는 사고가 일어나느니 화학 약품을 써서 성 욕구를
사전에 방지하는 편이 낫다고 생각했다. 필자는 테라에서
고양이들에게 중성화 수술을 시키곤 한다는 사실을 떠올렸다.
그 대상이 사람이라는 점만 빼면 케메르 억제제가 상용화되는
것과 이유가 거의 비슷하다. 케메르 억제제는 케메르 특유의
흥분기를 없애고, 이 시기의 임신 가능성을 차단하기 위해서
쓰인다.

　　일찍이 아이는 '자료집'에서 다음과 같이 기술했다.
감옥이나 특정 기숙사와 같은 장소에서는 케메르 기간에
일어나는 '혼란'을 방지하기 위해 케메르 억제제를 배급한다.
아이는 성을 '삭제'당한 사람들은 대개 수동성을 보인다고
기술하는데 이는 좀 더 사실 확인이 필요하다. 필자의
견해로는 수동적인 성향은 심리 상태를 가라앉히는 특정
요소를 첨가한 특수 억제제나 이와 비슷한 약을 함께 복용할
경우에 나타난다. 케메르 억제제 자체만으로 이러한 효과가
나타나는지는 알 수 없다고 본다.

　　겐리 아이는 '자료집'을 집필할 당시, 무성적이거나
'남성적'이지 않은 것과 맞닥뜨릴 때 일종의 불안을 느꼈던
것 같다. 그의 글 전반에서 '여성적' 특질이나 성향에 대한
거부감이 드러난다. 아이가 '성의 삭제'에 대해 느꼈던 공포는
당시 수용소에 갇힌 입장에서 든 자연스런 감정일 수도

있다. 그러나 그가 '무성' 자체에 대해 극심한 불안감을 갖고 있었음은 분명한 것 같다. 아마도 그가 '성의 즐거움'에 비해 '무성 상태의 일반성'에 대해 거의 서술하지 않은 것도 이 때문이리라 생각된다.

　　필자의 관찰에 따르면, 게센인들은 무성에 대한 거부감이 거의 없다. 그들은 임신을 막기 위해서 피임약도 쓰지만 '임신과 성 욕구를 동반하는' 신체 주기를 아예 방지하는 편을 더 편리하다 여기고 케메르 억제제를 쓰는 경우도 많다. 아이는 수용소에서 강제적으로 '무성 상태'에 놓인 게센인을 "거세된 수송아지"에 비교했지만 이는 부정확한 비유이다. 수용소에서 강제로 개인의 성을 통제하는 지침은 물론 매우 비인간적이다. 그러나 수용소 바깥의 게센인들이 원래 무성 상태에 심리적으로나 신체적으로 익숙하다는 점은 짚고 넘어가야 한다. "성에 냉담"해 보이는 태도 역시 꼭 수용소의 통제에 익숙해진 결과로만 볼 수는 없다. 많은 경우 항상 성이 발현된 상태로 볼 수 있는 에큐멘인은 성이 발현되지 않는 것을 성도착이라 여기지만 게센인은 그 반대이다. 이들에게는 '성의 발현' 자체가 주기적이지만 특수한 사건이다.

　　마찬가지로 임신 또한 게센인의 삶에서 특별한 사건으로 언급되곤 한다. 필자는 임신을 막기 위해 케메르 억제제를 매달 먹는 사람들을 만나 이야기를 나눴다. 이들은 아이를 갖는 것은 둘째 치고, 임신 과정 자체가 달갑지 않다고 털어놓았다. 한 게센인은 케메르 기간 동안 자신이 '임신하는 쪽(에큐멘에서는 여성)'이 될까 두렵다고 털어놓았다. 그런가 하면 누군가는 아이를 낳지 않는 사람들을 "반송장"이라 부르며 못마땅하게 보고, 스물이 좀 넘으면 아이를 낳도록 권유하는 분위기가 불편하다고 토로했다. 그는 앞으로도 아이를 낳을 계획은 없다고 잘라 말했다.(그는 케메르 연인과 5년째 교제 중이다.) 필자가 만난 많은 게센인들이 8개월이 넘는 기간 동안 '유성 상태'로 살아야 하는 것의 불편함을 강조했다. 여기에 더해 '우연히 자궁이 생긴' 쪽이 아이를 임신할 수 있기에 임신에 대한 불안을 느낀다는 이들도 드물지 않았다.■

필자는 자연스럽게 테라에서의 삶을 떠올렸다. 테라의 많은 여성이 임신에 대해 지니고 있는 불안감을 게센에서는 거의 모든 사람들이 공유하고 있었다. 아이러니하게도 필자는 테라에 있을 때보다 편안하게 '여성의 신체를 지니고 사는 것'에 대해 게센인들과 이야기를 나눴다. 물론 상대방이 이해할 수 있도록 적절히 번안해야 했지만 이는 매우 신선한 경험이었다.

육아에 대한 부담감 또한 에큐멘에서와 마찬가지로

■ 이를 위해 특정 화학 약품을 사용하는 이들도 종종 있기는 하지만, 이는 자녀 계획이 있는 케메르 연인의 경우에는 암묵적인 금기나 언쟁의 계기가 된다. 필자의 관찰에 따르면, 케메르 때의 변화를 일일이 기록해두고 주기적 정형성을 찾는 이들도 적지 않아 보인다. 다만 케메르 시기의 변화가 거의 예측 불가능하다는 점에서 이러한 방법이 효과가 있는지는 의문이다.

흔했다. '자료집'에서 아이는 게센에서 "자녀를 보호하고
도와주려는 부모의 본성"이 반드시 성과 관련되지는 않는다고
언급하였다. 아마도 아이는 여성이 아닌 사람, 즉 에큐멘의
성별 이분법에 의해 '남성'에 해당하는 사람에게까지 이러한
본성이 요구된다는 점에 흥미를 느낀 듯하다. 아이는
자녀를 때리지 않거나, 또는 자녀에 대한 '소유욕이 거의
없는' 게센인들의 태도를 열거하다 이를 '무소유의 태도'라
규정한다.(아마 아이는 에큐멘 남성이 아닌 여성들의 태도를 기준 삼아
이렇게 결론 냈을 것이다.) 그러나 아이의 설명은 몇 가지 지점에서
혼선을 빚고 있다. 필자의 관찰에 따르면, 게센인 중에는
자녀 유무와 상관없이 이를 소위 '본성'으로 여기는
사회적 요구에 불편함을 느끼는 이들이 많았다. 이는 앞서
강조하였듯이 에큐멘 여성들과 공감대를 형성하는 부분이기도
하다. 또한 임신을 한 사람이 육아를 하는 경우도 상당히
많았다. 누가 육아를 맡는가를 두고 케메르 연인들끼리 언쟁을
하는 일도 빈번했는데, 주로 임신한 쪽이 '어쩔 수 없이' 아이를
맡는 경우가 많았다. 임신 기간 동안 직장을 그만두는 경우가
많았기 때문이다. 이 또한 테라 여성들의 삶과 겹친다.

이렇듯 소메르 구간은 게센인의 삶 대부분을
차지하지만 필연적으로 케메르 구간과 연계하며 서로 영향을
주고받는다. 에큐멘인의 눈높이에서는 케메르 구간이 삶의
절정기처럼 보일 수 있겠으나, 실상 게센인들의 삶의 무게는

소메르 구간에 자리한다. 소메르가 '금욕의 구간'처럼
보인다고는 하지만 게센인들은 소메르 동안 자연스레
감정을 토로하고 타인과 활발히 교류한다. 본고에서 자세히
설명하지는 않겠지만 필자는 게센인들의 감정의 층위가
에큐멘인들보다 훨씬 복잡다단하다는 것을 확인할 수
있었다. '시프그레소'라는 이름 아래 서로와 인정을 주고받고
공생하기 위해, 이들은 격정적이라기보다는 매우 섬세하게
서로 교류하는 방식을 터득했다. 에큐멘인에게는 낯설고
아리송하게만 보일 듯한 이들의 섬세한 소통 방식을 보고
있자면, 에큐멘에서의 삶과 감정이 지나치게 성 역할에 묶여
있는 것은 아닌지 반문하게 된다.

　　　또한 일반적으로 케메르와 소메르를 빛과 어둠의
구간으로 비유한다는 점은 의미심장하다. 소메르는 빛에
따라오는 어둠, 즉 그림자에 해당하는 구간이기도 하다.
게센인들이 복잡하고 미묘한 의미로 사용하는 '시프그레소'의
어원 또한 그림자이다. 기존 연구들에 따르면, 시프그레소는
게센에서 사회적 성원으로 살아가기 위해 필수적으로
갖춰야 할 미덕이자 행동 양식이다. 거칠게 묶자면 '소메르-
시프그레소-그림자'가 언어적으로 근접해 있는 것 같다.
'케메르-빛'에 해당하는 영역과 불가분한 관계에서 게센인들의
'일상적 삶'을 표현하는 언어적 구조를 분석한다면 흥미로운
작업이 될 것이다.

한편 필자는 케메르-소메르 상태의 반복 이행을 두고
에큐멘 지인들과 이야기를 나눈 적이 있다. 누군가는 소메르
상태가 그토록 오래 지속된다면 삶에 무슨 재미가 있겠느냐고
했고, 다른 이는 '성에서 해방되는 시기'가 대부분이라니 정말
부럽다며 감탄했다. 또 누군가는 시기에 따라 성별이 바뀌는
물고기에 대해 이야기하면서 삶의 대부분을 '자연적 이행'에
기대는 게센인들이야말로 자연에 친숙하리라는 짐작을
늘어놓았다. 이러한 반응들은 매우 흥미롭게 다가왔으며 또
다른 질문을 던져주기도 했다.

성과 자연에 대한 의미가 사회적으로 어떻게
구성되는지는 특히 중요하게 살펴볼 지점이다. 필자는 앞서
살펴본 성적 다양성, 그리고 배제의 대상으로 규정되는 성
금기들을 토대로 재구성되는 '성-자연'의 함의들을 살펴보고자
한다.

4. 나가며: 게센에서 사회적으로 재구성되는
'성'과 '자연'의 함의들

이처럼 게센인들의 성에서는 무엇보다 '이행'이 두드러진다.
성은 일종의 과정이나 변화로 쉽게 상정되며, 게센인들은
케메르를 둘러싼 변화의 과정에 적응하거나 이를 전략적으로

이용하고, 또한 적극적으로 이에 개입하는 태도를 취한다. 또한 게센인들은 타인과 다양한 형태로 친족 관계를 맺는데 여기에서 섹슈얼리티로는 표현이 부족한 성적인 요소나 함의가 비로소 드러난다.

필자의 관찰에 따르면, 서로 '신체적 이성성'을 보이는 두 명의 케메르 연인으로 구성된 관계가 가장 이상적인 것으로 간주된다. 두 명 이상으로 구성되거나 연인들 모두 같은 신체적 특질을 띠게 되는 경우는 '성도착'에 가까운 관계로 치부된다. 이러한 '성적 위계'를 감안하면 게센에서의 성관계가 가치평가되는 데에는 여전히 임신 가능 여부, 즉 재생산 능력이 중요하게 개입한다고 보인다. 다만 이러한 점에 불편함을 표현하거나 의식적으로 케메르를 거부하는 이들, 또는 자신이 선호하는 방식으로 자유롭게 케메르 관계를 전유하는 이들도 있었는데 이는 기존 연구들에서 잘 드러나지 않았다. 이것이 필자가 연구를 수행하던 시기에 새로이 일어난 흐름인지는 이후 연구를 통해 확인할 필요가 있다.

그러나 게센에서 '성도착'을 규정하는 지침들은 사뭇 엄격하게 적용된다. 이는 타인과의 관계 외에도 개인의 신체적 특질을 평가하는 방식에서도 드러난다. 여기에서 가장 중요한 평가 기준은 '순환성'과 시간에 따른 변화 여부이다. 역법의 구분에서도 알 수 있듯이, 게센인들에게 달의 주기로 상징되는 시간의 흐름은 일상에서 중요하게 인지된다. 달이 차고 지는 변화에 상응하지 않는 '고정된 신체'는 '불완전'한 것이며 '부자연'스럽다는 것이다. 에큐멘에서도 특유의 역법이 쓰이지만 이와는 상반된 인식이 존재한다는 점은 흥미롭다. 이러한 차이를 유발하는 원인은 아직 알 수 없지만 게센인들의 신체에서 '유동성'이 중요한 요소로 거론된다는 점은 분명해 보인다. 게센에서 '빛과 어둠'과 같은 일상적 구분들이 끊임없는 순환을 전제하고 있음을 감안하면, 순환성을 강조하는 언어 관습들이 적지 않은 영향력을 끼친다고도 할 수 있다.

        이와 관련하여 게센에서 '자연'의 함의가 '적절한 성'을 판단하는 데 있어 중요하게 작용한다는 점도 흥미롭다. 에큐멘에서도 이는 마찬가지로 많은 경우 성을 이분법적으로 구분하고 그 구분을 고정된 것으로 강화하기 위해 자연적 수사들이 동원되는 듯하다. 그러나 게센에서는 개인의 성은 자연적으로 끊임없이 이행한다고 보고 신체 또한 유동적인 것으로 여긴다. 때문에 인공적인 약품을 동원한 성행위는 자연스럽지 못하다며 부정적으로 평가된다. 그러한 행위가 금지된 것은 아니지만 그에 대한 부정적인 인식이 강하게 뿌리내리고 있음은 분명해 보인다. 테라에서 경구피임약을 먹는 여성을 두고 어떤 말이 오가는지를 상기한다면 게센의 사회적 분위기를 이해하기란 어렵지 않다.

        또한 이와 같은 '자연'의 의미와 연계되는 '무성'의

함의는 좀 더 심층적으로 분석할 필요가 있다. 필자는 연구 중에 동료에게 다음과 같은 지적을 받았다. 만약 무성 상태를 성적 순환에 필수적인 이행기로 본다면, 이는 게센인들의 성을 구성하는 중요한 요소이자 과정이며 여기에 걸맞은 다른 이름으로 규정해야 한다는 것이다. 이 또한 일리 있는 주장이지만 필자는 적절한 대체어를 찾지 못했다. '무성 상태'는 '유성 상태'의 반의어로 항상 거론되므로 어찌 보면 무성 상태는 그리 부적절한 번역이 아닐 수도 있다. 그리고 무성 상태의 존재가 이른바 '정상적인 성생활'에 필수적이라는 점을 감안하면 오히려 '무성'이라는 특질을 흐리지 않는 번역이 나을 수도 있다.

　　이를 통해 에큐멘에서와 마찬가지로 게센의 성 또한 일종의 정상성을 기준으로 가치 평가의 대상이 된다는 사실을 알 수 있다. 성의 '정상성'과 '도착성'이 가장 평등한 위치에서 마주보는 상황이 있다면, 아마 오세르호르드 등지에서 행해지는 한다라교 예언 의례일 것이다.[■] 이는 게센에서 성적 다양성이 공식적으로 간주되는 공간적 사례이기도 하다. 다만 이런 예외를 제외한다면, '성적 존재'로서 게센인들의 삶은 '정상적인 성'이라는 관념에서 자유롭지 못하다.

　　이상의 내용은 앞으로 지속적인 연구를 통해 보완 및

■　　'자료집', 104쪽 참고.

수정되어야 한다. 게센인들의 성에 대해 심층적으로 이루어진 기존 연구가 많지 않았기 때문에 이번 조사에서 시간에 따른 변화를 비교하기에는 무리가 있었다. 이와 관련한 역사적 연구들은 이후 자료가 축적되면서 중요하게 시도되어야 할 것이다. 또한 '성'과 관련된 정치적·사회적 위계나 차별에 초점을 맞춘 분석들이 더욱 풍부한 차원으로 요구된다.

차가운
마천루
속의

따뜻한
시선과

날카로운
현실 풍자

『타워』와 도시인류학

초고층 타워에 구현된 현실의 부조리

한때 한국 사회에서 63빌딩이 초고층 건물의 대명사처럼 불리던 시절이 있었다. 1985년 지상 60층(건물 이름의 '63'은 지하 3층을 포함한 숫자이다.)에 약 250미터 높이로 건설된 63빌딩은 개장 직후부터 서울 시내의 기존 고층 건물들을 압도하는 엄청난 높이와 전망대, 수족관을 포함한 다양한 부대시설 등으로 눈길을 끌어모았다. 하지만 이런 일도 어느덧 옛날이야기가 되었다. 1985년부터 2003년까지 스무 해 가까이 국내 최고층 건물의 지위를 차지하던 63빌딩은 69층 높이의 목동 하이페리온과 타워팰리스 3차 건물이 각각 2003

년과 2004년 완공되면서 그 자리를 넘겨주었다. 이후 부산 마린시티에 건설된 해운대 두산위브 더 제니스(2011년, 80층)를 거쳐 서울 잠실의 롯데월드타워(2017년, 123층)에 이르며 한국도 100층 이상 마천루를 보유한 국가 대열에 합류했다. 이 글에서 다룰 작품은 현실 속 초고층 빌딩의 높이와 규모를 훌쩍 넘어서 무려 700층에 가까운 아찔한 높이의 건물을 무대로 한, SF 작가 배명훈의 연작소설 『타워』[1]이다.

작품의 무대인 빈스토크는 50만 명의 인구가 살아가는 674층의 거대한 건물로 이루어진 타워형 도시국가다. 지상 1층부터 12층까지는 별도의 층 구분 없이 높고 커다란 정원이 자리하고 있고, 그 위로 백화점과 쇼핑몰, 영화관 같은 상업 시설이 21층까지 구비되어 있다. 빈스토크 시민뿐만 아니라 외국인도 누구나 출입 가능한 중간 지대인 동시에 비무장 지대인 이 구역보다 상층의 공간이 바로 도시국가 빈스토크의 영토이다. 공식적인 국경에 해당하는 22층부터 25층까지는 빈스토크 군대가 주둔하며, 빈스토크를 둘러싼 '주변국'(직접 언급되지는 않지만 작품의 맥락상 한국으로 추정된다.) 사이를 오가는 사람들을 관리하는 국경 검문소가 있다. 이어 250층에서 350층 사이에 자리 잡은 업무 구역을 비롯해 각종 행정 기구와 주거 구역이 수백 층에 걸쳐 분포해 있는, 수직으로 높이 솟은 하나의 '국가'가 작품 속 빈스토크이다.

　　동화 『잭과 콩나무(Jack and the Beanstalk)』에 등장하는 거대한 콩 줄기(beanstalk)에서 이름을 가져온 빈스토크는 그 높이만큼이나 다양한 인간 군상과 삶의 모습으로 가득 채워진 공간이다. 이를테면 국경 지대에서 그리 멀지 않은 27층에 위치한 '빈스토크 미세권력연구소'는 건물 밖 주변국에서 온 세 명의 젊은 박사를 계약직으로 고용해 빈스토크 내에서 작동하는 복잡한 권력 구조를 분석한다(「동원 박사 세 사람—개를 포함한 경우」). 권력 구조만큼이나 복잡한 빈스토크의 공간 구조는 각각 진보와 보수 이데올로기에 상응하는 양대 이념 체계인 '수평주의'와 '수직주의' 간의 갈등을 낳기도 한다(「엘리베이터 기동 연습」). 321층의 시 정부청사 앞 광장에서 벌어지는 반전(反戰) 시위를 진압하기 위해 2000여 년 전 포에니 전쟁에 나선 한니발 장군처럼 코끼리를 들여오는 기상천외한 일도 벌어진다(「광장의 아미타불」).

　　그런가 하면 410층 남쪽 휴양지는 한때 사회 비판적인 글을 써서 이름을 얻었다가 근래 들어 현실 정치에는 관심을 끊고 대자연의 아름다움을 노래하는 작품을 발표하며 인구 50만의 빈스토크에서만 10만 부씩의 판매고를 올리는 작가 K가 거주하는 곳이다(「자연 예찬」). 반면 작은 욕실 딸린 방 한 칸이 전부인 고시원이 밀집한 520층에 사는 사람들은 너무 비싼 난방비가 두려워 난방도 제대로 못 한 채 오들오들 떨며 추위를 견뎌낸다(「엘리베이터 기동 연습」). 그럼에도 많은 사람이 이곳에 모여 사는 건, 인공위성 서비스로 대표되는 첨단산업을 빈스토크가 주력 산업으로 갖춘 덕분이다(「타클라마칸 배달 사고」). 한편 국경 지대에서 엘리베이터를 여섯 번씩 갈아타야 도달 가능한 487층에 위치한 고급 주택에는 빈스토크의 핵심 유명 인사인 영화배우 P가 사는데, 그 정체는 다름 아닌 개다.(네 발 달린 포유류 개 말이다.) 빈스토크는 바로 이런 장소이다.

　　이렇듯 기발한 설정이 쌓아 올린 초고층 복합건물을 무대로 때로는 상상 초월의, 때로는 지극히 현실적인 에피소드가 수직의 공간을 채워나간다. 겉으로 보기에 차가운 정치적·경제적·사회적 위계가 지배할 것만 같은 빈스토크의 틈새를 여러 주인공의 따뜻한 이야기가 메우며 연작소설 『타워』를 이룬다. 하지만 그 배경에 현실 세계의 부조리가 놓여 있다는 사실을 배명훈은 놓치지 않는다. 작품은 이를 현실의 부조리를 향한 날카로운 풍자로 풀어낸다. 현실의 검찰과 경찰에 해당하는 경비대가 적용하는 법과 규칙을 앞세워 표현의 자유를 제한하는 지배 권력을 두려워한 끝에 지나친 자기 검열에 빠져 비판의 입을 닫고 '자연주의'로 돌아선 인물인 작가 K의 이야기는 대표적인 예다.

> K는 털면 먼지가 나는 사람이었다. 다른 사람들보다 더 심하지는 않겠지만, 그렇다고 남들보다 덜할 거라는 자신도 없었다. 본인이 직접 붙들려서 먼지가 털린 적은 없었다. 다만 다른 사람들이 그렇게 되는 모습을 지켜본 것뿐이었다. 조용히 들어앉아서 가만히 살펴보니 누구를 털어도 결국은 먼지가 나오는 모양이었다. [……] 염라대왕 앞에 불려가서 평생 동안 저지른 잘못을 모두 떠올리기 전에는 절대 떠오를 것 같지 않던 온갖 못된 짓들이 여론의 심판대에 횟감처럼 올려지는

것, 그 가능성만으로도 그는 충분히 두려웠다.[2]

여담이지만 이 책의 토대가 된 원고를 연재할 당시, 'SF와 인류학이 그리는 전복적 세계'로 시리즈 제목을 정하며 다소 과하지는 않나 싶어 걱정했다. 다른 것보다도 '전복'이라는 표현이 주는 어감에 부담스러운 면이 있었다. 하지만 작품 속 작가 K의 걱정이 낯설지 않은 현실에서 적어도 『타워』라는 작품의 경우는 '전복'이라는 표현을 붙이기에 부족함이 없다는 생각이 든다. 너무나 다양하고 어이없는 현실의 부조리로부터 눈을 떼기 힘든 지금, 그런 세상에 관한 풍자로 가득 찬 『타워』의 이야기만큼 전복적인 주제가 어디 있겠는가.

신자유주의 도시와 차별적 시민권

그렇다면 『타워』에 담긴 현실 풍자 SF와 인류학적 논의는 어떻게 연결되는 걸까? 이를 위해서는 인류학에 관한 전형

적인 관점에서 벗어날 필요가 있다. 흔히 인류학은 비서구
지역의 이른바 '원시 부족'을 연구하는 학문, 혹은 낯선 타
문화를 다루는 학문이라는 인식이 강하지만 사실 현대의
인류학자들은 주변에서 흔히 볼 수 있는 사회문제를 연구
하는 경우가 훨씬 더 많다. 그 배경에는 제2차 세계대전 이
후 아시아와 아프리카의 많은 지역이 서구의 식민 지배에서
벗어나 신생 국가를 수립하고 각각의 맥락에서 현대화를 추
진했다는 사실이 놓여 있다. 이들 지역이 겪은 정치적·사회
문화적 변화에 직면하여 인류학도 전통적인 연구 대상이었
던 소규모 원시 부족 연구를 넘어 비서구 지역은 물론 서구
지역에 관한 연구로 관심의 폭을 넓히기 시작했고, 각국의
현실적인 사회문제에 눈을 돌리게 되었다. 특히 20세기 중
반 이후 전 세계적으로 진행된 도시화는 많은 인류학자가
현대적인 도시 공간을 무대로 연구를 진행하도록 이끌었다.

　　『타워』에 등장하는 빈스토크와 같은 초고층 건물의
세계적인 유행과 그를 둘러싼 사회문화적 맥락 역시 현대사
회를 연구하는 도시인류학의 관점에서 고찰할 수 있다. 물
론 아직 현실에서 674층 높이의 건물이 실제로 구현되기란

지상 123층 높이의 롯데월드타워(왼쪽)와 지상 163층 높이의 부르즈 할리파(오른쪽).

불가능에 가깝다. 2024년을 기준으로 세계에서 가장 높은 건물은 아랍에미리트 두바이의 부르즈 할리파(Burj Khalifa)로, 지상 163층으로 이루어진 높이 828미터의 빌딩이다. 그 밖에도 높이 500미터 이상의 마천루는 전 세계에 완공된 것만 11개에 달하며, 그중 하나가 높이로는 세계 6위(555.65미터), 층수로는 3위(123층)에 해당하는 서울의 롯데월드타워이다.[3]

2000년대 들어 대도시마다 경쟁적으로 들어서기 시

작한 초고층 건물 열풍은 세계 무대에서 자국의 지위 상승을 상당히 가시적이고 극적인 방식으로 강조하고자 했던 아시아 국가들에서 특히 두드러졌다. 2000년 이후 완공된 16개의 100층 이상 빌딩 중 아시아 지역에 위치한 건물은 15개로 절대 다수를 차지한다. 그중 절반에 가까운 7개가 중국 본토에 지어졌으며, 이어서 아랍에미리트에 3개, 한국에도 2개(서울의 롯데월드타워와 부산의 해운대 엘시티 더샵 랜드마크타워)가 지어졌다. 이렇듯 마천루 건설을 중심으로 한 도시 경관 경쟁과 '보여주기식 프로젝트'는 해당 국가가 '제3세계'에서 '제1세계'로 이동했다는 상징적 선언을 의미한다.[4]

　　그런데 이 같은 국가 주도의 초고층 빌딩 건설은 역설적으로 사회 내에서 공적 영역의 후퇴와 사유화의 영향력 급증을 보여주는 현상이기도 하다. 국가권력 증대와 사유화 확대는 서로 반대되는 현상처럼 보이지만, 신자유주의 아래 국가와 시장 사이의 관계는 그렇게 단순하지만은 않다. 이미 시장에 포획된 국가는 기존의 국가 역할 가운데 일부를 시장 친화적인 방식으로 선별하여 강화하는 양상을 보인다. 이와 관련하여 현대사회를 연구하는 인류학자들은 전지구화(globalization) 시대의 도시를 이른바 '신자유주의 도시(neoliberal cities)'라는 관점에서 포착해 접근한다.

> '신자유주의 도시'는 [……] 시장 주도적 도시를 뜻한다. 이것은 주민의 필요에 의해서가 아니라 시장의 논리에 더 좌우되는 도시다. 공공의 관심사보다 개인이나 기업의 이해관계에 더 반응하는 도시다. 신자유주의 도시에서는 생산, 집합적 소비, 도시 공간이 점점 더 사유화되고 이것들에 대한 규제가 완화되는 현상이 나타난다.[5]

『타워』에도 등장하는 공공 부문의 고용 축소, 일용직 형태 노동과 실업의 증가, 공공서비스의 사유화 등을 초래한 신자유주의 정책의 도입으로 사회 전체의 복리가 아닌 소수 엘리트층에 최우선으로 돌아가는 도시 개발을 위해 자원이 투입되었다. 아시아 국가에서 나타난 경쟁적인 마천루 건설 역시 신자유주의 도시가 도래하며 초래된 결과 중 하나이다. 도시 중심부에 100층 이상의 화려한 초고층 빌딩을 건설하는 보여주기식 도시 개발이 시민들의 실질적인 삶의 질을 향상한다는 보장은 없다. 그보다는 기업의 이익을 극대화하고자 하는 자본의 논리를 충실히 따르며 자원의 불균등한 분배와 사회적 불평등의 심화를 야기할 가능성이 더 크다. 인류학자들은 소위 글로벌 경쟁력과 기업친화적 개발을 강조하는 신자유주의 도시계획이 겉으로 보이는 도시 경관의 화려한 전면과 그 뒤에 숨겨진 어두운 이면 사이의 간극을 벌리며 사회적 분열을 더욱 강화하는 양상에 주목했다.

　　세계 각지에 도입된 신자유주의 이데올로기는 '선진국'과 '개발도상국' 모두에서 국가와 경제, 사회를 변화시켜왔다. 무엇이 좋은 것인가라는 이상 혹은 바람직한 도시의 모습과 도시계획 모델도 그에 따라 달라졌다.[6] 신자유주의 정책은 도로와 수도, 전기 등의 공공 편의시설을 사유화하고자 했고, 그에 따라 기업 자본의 영향력이 커지며 인류학자들은 기업가 도시(entrepreneurial city)라는 개념으로 도시를 연구하기 시작했다. 이 개념을 활용한 연구는 시 정부가 시민을 대상으로 한 공공재와 서비스의 공급 및 관리보다는 도시의 경제적 성장과 발전에 집중하는 현상과 그로 인한 변화에 주목한다. 이 같은 도시의 변화가 무엇보다 사회적 지위와 경제적 자본의 소유에 따라 시민들에게 차별적인 처우를 제공하는 결과를 낳았기 때문이다.

      일상의 차원에서 이런 양상을 잘 보여주는 게 바로 도시 내에서 전개되는 시민권을 둘러싼 경합이다. 고전적인 정의에 따르면, 시민권은 정치적 공동체의 성원권, 즉 구성원에게 특정한 권리와 의무를 부여하는 자격을 가리킨다.[7] 이를 바탕으로 시민권에 관한 인류학적 연구는 공동체의 구성원 사이에서 행해지는 권리의 불균등한 분배에 주목해 왔다. 이때 시민권에 관한 주된 질문은 권리를 부여하는 구성원에 누구를 포함하고 누구를 배제할 것인가라는 문제이다. 그와 관련해 인류학자 제임스 홀스턴(James Holston)과 아르준 아파두라이(Arjun Appadurai)는 시민권을 형식적 시민권(formal citizenship)과 실질적 시민권(substantive citizenship)으로 구분할 것을 제안한다.[8] 형식적 시민권이 법적 구성원으로서의 지위를 뜻한다면, 실질적 시민권은 "사람들이 소유하고 수행하는 권리의 배열"이 어떻게 되느냐에 따라 달라진다. 현실에서 실질적 시민권을 구성하는 원리는 형식적인 법적 지위와 별개로 작동하는 경우가 흔하기 때문이다. 법적·제도적으로는 평등한 시민들 사이에서도 계급과 인종, 젠더, 종교에 따른 차별이 존재하는 상황을 떠올리면 쉽게 이해될 것이다.

형식적 시민권을 기준으로 볼 때 평등하다고 여겨지는 시민들이 실질적 시민권의 관점에서는 결코 평등하다고 볼 수 없는 양상은 시민권을 둘러싼 형식과 현실 간의 경합, 즉 '차별적 시민권(differentiated citizenship)'의 작동에서 짚어볼 수 있다. 같은 도시에 거주하는 사람들이라 하더라도 소속 집단에 따라 차별적으로 권리가 배분되는 시민권 체제가 존재한다. 예를 들어 인류학자 장리(Zhang Li)의 연구는 출생지에 따라 도시 주민과 촌락 주민을 구분하는 호구(戶口) 제도를 기준으로 중국의 대도시에서 발생하는 차별을 잘 보여준다.[9] 농촌 호구를 갖고 태어난 사람은 농촌에서 도시로 이주하더라도 도시 호구가 제공하는 주택 보조와 교육, 의료 등의 서비스를 받지 못한다. 자신의 호구를 바꿀 수 없기 때문이다. 중국의 개혁 개방 이후 도시를 중심으로 급격한 경제성장이 이뤄지자 많은 촌락민이 더 많은 경제적 기회를 제공하는 도시로 이주하기 시작했다. 그러나 저임금에 노동력을 제공하며 도시의 경제성장에 이바지한 이주민들에게 돌아온 건 도시 내 공식적 성원권의 취득 금지와 주거권의 박탈이었다. 장리의 연구 사례에서 도시 당국은 농촌 호구를 소지한 채 베이징에서 살아가던 4만 명에 달하는 이주민의 주거지를 파괴하고 그들을 도시 밖으로 추방했다. 도시에서 실제로 삶을 영위하느냐와는 무관하게 차별적 시민권이 작동해 공식적인 시민의 범주를 제한한 것이다.

이 같은 차별적 시민권의 작동은 『타워』의 등장인물들이 직면하는 문제이기도 하다. 앞서 언급한 '기업가 도시'의 전형인 빈스토크는 능력을 갖춘 엘리트층이라면 온갖 혜택을 누리며 살아갈 수 있는 공간이지만, 사실 그들만의 힘으로는 유지되기 어렵다. 여느 도시가 그렇듯 빈스토크 역시 궂은 일을 도맡아 하는 사람들이 필요하며, 많은 경우 이주민과 같은 취약한 지위에 놓인 이들이 용역업체 등을 통해 그 일을 담당하곤 한다. 사설 경비업체에 취직해 얼결에 시위 진압용 코끼리를 관리하게 된 「광장의 아미타불」의 주인공이 그 전형적인 사례이다. 『타워』에서 가장 인기 있는 단편인 「타클라마칸 배달 사고」 역시 그렇게 위태로운 처지에 놓인 인물을 다룬다. 이 작품은 아름다운 사랑 이야기인 동시에, 차별적 시민권을 바탕으로 필요에 따라 시민의 안전 확보에 눈을 감아버리는 무책임한 국가권력을 고발하는 이야기다.

무책임한 국가가 움직임을 멈출 때

「타클라마칸 배달 사고」의 주인공 은수는 '주변국' 출신으로 빈스토크 599층에 위치한 세계 최고의 위성 디자인 회사인 이엔케이에 인턴 자리를 얻어 이주한 여성이다. 열심히 일한 끝에 회사의 인정을 받아 정식 직원이 된 은수는 어느 날 빈스토크 행정관 병수의 예기치 않은 방문을 받는다. 4년 전, 은수 앞으로 발송되었지만 실수로 배달되지 못한 엽서 하나가 있다는 것이다.

엽서의 발송인은 은수가 주변국에서 살던 시절의 첫사랑인 민소. 민소를 두고 빈스토크로 은수가 떠나며 사소한 말다툼 끝에 둘은 연락이 끊겼다. 은수는 그 상태에서 화해하기 위해 사과하는 내용을 담은 엽서를 '파란 우편함'에 넣어 보냈다. 파란 우편함은 빈스토크 특유의 우편 체계로, 모든 것이 상업화된 빈스토크에서 시민들의 신뢰를 보여주는 독특한 제도였다.

"빈스토크에서는 우편물이 공짜로 배달되거든요. 엘리베이터 한 칸에도 이용 요금이 붙는 곳에서 그게 말이 되냐고 하시는 분들도 있겠지만, 정말 신기하게도 우편물만큼은 공짜로 보낼 수가 있어요. [……] 일상적인 편지라면 봉투에 받는 사람 주소를 잘 보이게 쓴 다음 근처 엘리베이터로 가서 파란 우편함에 넣으면 그만이거든요. 파란 우편함은, 동네마다 다르지만, 한 50칸 정도 칸이 나뉘어 있는 책장처럼 생겼는데요. 칸마다 몇 층에서 몇 층까지 층수가 적혀 있어요. 해당되는 층수에 우편물을 갖다 놓는 거죠. 그러면 우편물이 저절로 목적지를 찾아가요."[10]

파란 우편함에 넣은 편지가 저절로 목적지를 찾아갈

수 있는 건, 우편함을 확인한 엘리베이터 이용자가 자신의 목적지와 같은 방향의 우편물을 집어 해당 층의 수신함에 가져다 놓기 때문이었다. 시민들의 선의에 기반해 운영되는 파란 우편함 제도는 빈스토크가 완전히 비인간적이고 상업화된 공간만은 아님을 보여주는 증거이자 빈스토크 시민들의 자부심이었다. 물론 시민들의 자발적인 참여로 돌아가는 시스템인 탓에 배달 사고가 아예 없지는 않았다. 사람들의 실수나 망각으로 평균 6퍼센트가량의 분실 가능성이 있었는데, 문제는 민소가 은수에게 보낸 엽서도 그중 하나였다는 것이다.

　　평소처럼 자신이 사는 599층으로 향하는 우편물을 챙겼다가 수신함에 넣어두는 걸 깜빡한 병수는 중요한 편지라면 당사자들이 다시 연락하겠거니 하는 생각에 자신의 실수를 잊고 지낸다. 그렇게 4년이 지나, 빈스토크 시민권을 목적으로 용역업체를 통해 빈스토크 군대 조종사로 해외 파병 임무를 수행하던 민소가 타클라마칸 사막에서 격추되어 실종되었다는 소식을 접한다. 자국의 임무를 수행하다 발생한 사고지만 빈스토크 정부는 민소가 정식 시민이 아니라는 이유로 어떠한 구조도 시도하지 않았다. 병수는 죄책감에 바로 은수를 찾아 전하지 못한 엽서와 함께 민소의 소식을 전달한다.

뜻밖의 소식을 들은 은수는 관광 사진용 인공위성을 하나 빌려 타클라마칸 사막 전체를 뒤져서라도 실종된 민소를 찾아내고자 한다. 배달 사고의 주범인 병수 역시 은수를 돕고자 사막 전체를 찍은 위성사진의 구획을 나눠 그 구역의 확인 여부를 관리할 수 있는 웹사이트를 만든다. 식별 가능한 해상도로 구획을 나눈 결과, 일일이 육안으로 확인해야 하는 구역의 숫자는 대략 20만 개. 100명이 동시에 해도 1000시간이 넘게 소요되는 엄청난 작업이었다. 민소의 생사 여부도, 건강 상태도 불확실하기에 시급을 요하는 상황에서 은수는 지푸라기라도 잡는 심정으로 지인들에게 편지를 써서 파란 우편함에 넣어 보낸다.

국가가 움직임을 완전히 멈춘 동안 개인들이 부지런히 빈스토크를 뛰어다녔다. 은수는 지인들에게 편지를 썼다.

"사랑하는 빈스토크 시민 여러분, 여러분의 국가가 손을 뗐

어요. 그 사람은 빈스토크 시민이 아니라면서요. 하지만 여러분은 그러지 않을 거라 믿어요. 빈스토크 22층에는 네모난 국경면이 펼쳐져 있지만 여러분의 마음은 직육면체 상자에 갇혀 있지 않으니까요.

[……] 이 주소로 들어가셔서 저를 도와주세요. 사진에 구역을 나눠놨어요. 제가 이미 확인한 칸은 푸른색으로 표시가 돼요. 확인 중인 칸은 녹색일 거예요. 아무 표시도 없는 칸을 골라서 비행기 잔해를 찾아주세요. 많으면 많을수록 좋지만, 한두 칸만이라도, 딱 한 칸만이라도."[11]

은수의 편지가 발송된 뒤 놀라운 일이 펼쳐졌다. 편지를 받은 사람들이 같은 내용의 편지를 다른 사람에게 보내기 시작했고, 빈스토크 전역에 발송된 편지는 또 다른 편지를 낳았다. 심지어 편지 내용이 외국어로 번역되어 인터넷을 통해 해외로도 퍼져나가기까지 한다. 결국 불과 몇 시간 만에 200만 명이 넘는 사람들이 타클라마칸 사막의 위성사진 확인에 나섰다. 일면식도 없는 누군가의 호소에 응하기 위해서 말이다.

　　무수히 많은 익명의 개인들이 어려움에 처한 누군가를 돕기 위해 나서는 이 이야기가 뻔해 보일지도 모르겠다. 하지만 사회의 여러 영역에서 국가가 자신의 역할을 최소화하며 공적 영역에서 물러나고, 여러 정체성을 기준으로 사람들을 가른 뒤 '그럴 만한 가치가 있는' 자에게만 서비스를 제공하는 작금의 신자유주의 체제에서 「타클라마칸 배달 사고」의 기적 같은 이야기가 주는 울림은 결코 가볍지 않다. 정식 시민권자가 아니라는 이유로 "국가가 움직임을 완전히 멈춘 동안" 보통의 사람들이 힘을 합쳐 한 사람을 지키기 위해 노력하는 이야기는 감동을 주는 동시에, 국가의 역할과 의무에 관한 질문을 끌어낸다.

　　공교롭게도 이 글을 쓰기 위해 「타클라마칸 배달 사고」를 읽은 시점은 2022년 10월 말, 모두를 충격에 빠뜨린 이태원 참사가 발생한 지 이틀이 채 안 된 시기였다. 누구 하나 "책임을 통감한다."라는 최소한의 형식적인 발언 하나조차 내뱉지 않는 현실에 절망하고 있던 상태에서 이 작품을 읽자 이름 모를 타인의 아픔에 공감하며 기꺼이 수고를 더하는 보통 사람들의 선의가 가진 힘을 새삼 느낄 수 있었다. 그리고 다른 한편으로, 응당 해야 할 일을 하지 않았던 무책임한 국가권력에 더욱 분노할 수밖에 없었다. 『타워』의 마지막 단편 「샤리아에 부합하는」에서 작가는 질문에 답해야 할 사람들이 질문을 던지는 위치로 몸을 숨기고, 책임져야 할 사람들이 책임을 지지 않는 상황을 비판한다.[12] 이 책이 처음 출간된 지 10년이 훌쩍 넘은 지금, 우리 사회에서 질문에 답하고 책임을 져야 할 사람들은 대체 어디에서 무얼 하고 있는가.

가상 민족지 ③

『킨』의 주인공이

민족지를

쓴다면

세 번째 가상 민족지는 앞서 살펴본 「블러드차일드」의 작가 옥타비아 버틀러의 대표 장편소설 『킨』[1]을 소재로 삼는다. 『킨』은 20세기 후반을 살아가던 흑인 여성이 타임슬립을 통해 19세기 초 미국으로 가서 겪는 경험을 그려내며 노예제의 참상과 인간에 대한 폭력을 고찰한다. 주인공이 과거와의 미스터리적인 연결 탓에 100여 년의 시공간을 오간다는 흥미로운 설정은 물론, 노예제 폐지 이전의 미국 사회에 관한 묘사가 압권이다.

『킨』의 원제는 '친족' 혹은 '친척'을 뜻하는 'Kindred'인데, 이는 어떤 은유가 아니라 소설 속 등장인물들이 시간을 넘어 실제 혈연으로 맺어져 있음을 뜻한다. 주인공 다나는 1950년에 태어난 흑인 여성으로 자신보다 열두 살 많은 백인 남성인 케빈과 결혼해 캘리포니아에서 살고 있었다. 그러던 어느 날, 미지의 힘에 의해 19세기 초의 과거로 이동한다. 다나는 그곳에서 물에 빠진 루퍼스 와일린이라는 백인 소년의 생명을 구해낸 뒤 갑자기 다시 현재로 돌아온다. 이후에도 루퍼스가 위험에 처할 때마다 몇 차례씩 과거로 돌아가 그를 구한 다나는 루퍼스가 자신의 먼 조상에 해당하는 과거의 인물이라는 사실을 알아낸다. 백인인 루퍼스가 흑인인 자신과 혈연으로 이어질 수 있었던 건, 다나의 조상이 와일린가(家)의 여성 노예였던 앨리스와 루퍼스 사이에 태어났기 때문이었다.

이처럼 현재와 과거를 오가는 작품의 주요 무대는 19세기 초 수십 명의 노예를 거느린 와일린 농장이라는 시공간이다. 소설은 흑인 노예를 대상으로 행해진 폭력, 특히 여성을 대상으로 한 성적 유린과 억압을 생생하게 그려낸다. 『킨』에 실린 「작가 해설」은 이 작품을 두고 "외계의 지적 존재가 본다면 인간에 대해 상당 부분을 알 수 있을 법한 하나의 인류학 보고서 같은 소설"[2]이라 평하기도 했다. 그만큼 『킨』이라는 소설은 노예 제도의 운용에 관한 현실적 묘사와 그를 둘러싼 인간의 복잡한 감정을 세밀하게 그려낸다. 이번 가상 민족지는 이처럼 "인류학 보고서 같은" 작품의 특성을 배경에 두고 쓰였다.

앞서 살펴본 두 편의 가상 민족지가 각각 학술논문과 현장연구 보고서라는 장르를 택해 'SF를 인류학적으로 다시-쓰기'에 나선 결과물이라면, 이번 글에서는 다소 색다른 형태의 글쓰기를 시도한다. 우선 글쓴이로 인류학 연구자를 상정한 앞선 글과는 달리, 이 글은 소설의 주인공 다나를 그대로 화자이자 글쓴이로 두었다. 물론 작품 속에서 다나의 직업은 인류학자가 아니라 작가(상업적 측면을 놓고 보면 성공한 소설가라 할 순 없지만)다. 하지만 1800년대 초반과 1970년대를 타임슬립으로 오가며 이야기가 전개되는 작품의 성격상 다른 글에서처럼 소설 속 이야기를 한 명의 인류학자가 수집한 자료라고 설정하긴 어렵다. 대신『킨』본편의 이야기가 모두 끝난 뒤의 시점을 가정하여, 본업이 작가인 주인공이 자신의 경험을 인류학적 방법론을 활용해 성찰하고 재조합해 글로 써 내려간 형식을 취했다.

　　여기서 활용한 인류학적 방법론은 자기 민족지(autoethnography)와 생애사 기록을 결합한 방식이다. 자기 민족지는 연구자 자신을 주인공으로 "개인의 경험을 여러 실험적 양식을 통해 생생하게 기술함으로써 일정한 자기 성찰과 이론적·문화적 해석에 도달하려는 방법론적 시도"[3]를 뜻한다. 자기 민족지 기법을 통해 연구자는 자신을 둘러싼 사회와 문화를 개인적인 경험과의 연관성 속에서 해석하고

자 한다.[4] 한편 생애사 연구는 집단보다는 특정한 개인의 삶을 깊이 파고들어 한 사람을 둘러싼 역사적·사회문화적 조건을 반추해내는 작업이다. 자료를 수집할 때 다소 제한적이더라도 개인의 기억에 따라 편집된 판본을 집중적으로 분석하는 게 합리적이다. 기억의 불완전성과 그것을 수집하는 데 드는 시간, 연구참여자와 연구자 간의 관계 등을 현실적으로 고려한다면 한 명의 생애사를 완벽하게 수집하지 않는 게 오히려 현명한 선택일 수 있기 때문이다.[5] 또한 연구참여자의 기억을 거시적인 역사적 사실과의 관계 속에서 재구성하여 객관적 사실과 주관적 경험의 상호작용을 고찰하는 작업의 의미도 주목할 만하다.

　　세 번째 가상 민족지에서는 이 같은 접근법을 고려하여 『킨』에 등장하는 네 여성(마거릿, 세라, 캐리, 앨리스)의 삶을 주인공 다나의 관점에서 재구성한다. 물론 이 글에 서술된 이들의 삶은 단편적일 수밖에 없다. 이 가상의 자기 민족지는 전지적 시점이 아니라 다나라는 주인공이 작품 속에서 직접 겪은 각 인물과의 경험을 바탕으로 주관적으로 쓴 내용이기 때문이다. 통상적인 자기 민족지와 생애사 연구의

경우도 비슷한 한계를 지닌다. 하지만 이 방법론은 연구자
의 주관적 경험과 해석을 극대화하여 오히려 연구 방법의
단점을 장점으로 승화하는 데 묘미가 있다. 과거와 현대를
넘나드는 흑인 여성이라는 주인공의 위치성이 이 글에서 어
떻게 다시 재현되는지 따라가보자.

와일린가(家)의 여자들에 대한 인물 노트

프롤로그

나는 1976년에 스물여섯 번째 생일을 맞았다. 남편 케빈과
앨터디너의 아파트에 거주한 지 얼마 되지 않은 때였다. 우리
둘은 모두 작가였으며, 남편의 책이 팔리기 전에는 도시
빈민과도 다름없는 생활을 했다. 우리는 임시직 알선소에서
처음 만났다. 나는 20대 초반의 흑인 여자였고 케빈은 30대
중반의 백인 남자였다. 케빈을 예기치 않게 만나 결혼했을 때도
우리 둘의 '이상한' 조합을 비웃는 이들이 종종 있었다.

흑인 여성의 삶이 그리 녹록지 않다는 사실은 이미
충분히 알고 있었다. 내게 남은 몇 안 되는 연고인 외삼촌
부부는 내게 '직업다운' 직업을 갖도록 설득했다. 나는 고작
20대 초반이었지만 외삼촌 부부가 권유하는 직업(간호사,
비서, 초등 교사)을 갖기 위해 교육 기관을 여럿 전전했다. 결국
나는 그중 어느 것에도 발붙이지 못하고 작가 지망생으로
눌러앉았다. 나는 최저임금을 불규칙적으로 받으며 글쓰기에
매진하는 생활을 이어나갔다.

그러던 중 나는 모종의 이유로 19세기 초반, 즉
흑인을 노예로 사고팔던 시기의 메릴랜드에 주목하게

되었다. 말하자면 나는 '운 좋게' 메릴랜드의 와일린가에서 1815년도부터 1836년도까지 잠깐씩이나마 머물며 사람들을 관찰할 수 있었다. 그리고 이 글을 시작하기 위해 메릴랜드역사협회에 여러 번 들르고 신문 기사를 스크랩했다. 따라서 이 글은 내가 직접 겪은 일일 수도 있고 남은 기록이나 사진 자료 들을 토대로 재구성한 픽션일 수도 있다. 그러나 어느 쪽으로 믿어도 상관은 없다. 글에서 다루는 인물들은 모두 실제로 존재했으며 사건들 또한 그러하다. 더군다나 주요 인물 중에 나의 조상도 있다는 사실이 내가 이와 같은 작업을 시작하는 계기가 되었다. 그러므로 이 글은 사실에 기반을 두고 있으며 20세기 후반의 나와 19세기 초반의 인물들은 일종의 친족 관계로 이어져 있다고 봐야 할 것이다.

　　나는 내가 겪은 일들을 글로 쓰기 전에 몇 가지 입장을 정리해 살펴보고자 한다. 내가 와일린가에서 지내는 동안 가장 흥미로웠던 것은 바로 나를 부르는 이름들이었다. 나는 1980년대 언저리인 지금 시점에서처럼 내 이름 다나로 불릴 때도 있었다. 그러나 이보다는 너, 여자, 흑인(아주 가끔씩), 검둥이, 하얀 검둥이, 노예, 자유민, 심지어는 흰둥이라고도 불렸다. 반면 내 남편은 언제나 케빈, 프랭클린 씨, 나리였다.

　　나와 남편을 둘러싼 호칭을 제외하고 와일린가에서 보내는 내내 나를 옥죄는 핵심은 무엇이었을까. 나는 한동안 백인 남성을 보기만 하면 움츠러들었다. 와일린, 루퍼스,

그리고 동네 목사나 의사, 그리고 가끔은 케빈까지도. 그들 모두가 내게 위협적이었다. 그러나 늘 그랬던 것은 아니다. 이들 중 케빈, 루퍼스, 그리고 가끔은 와일린까지도 나를 보호해줄 때가 있었다. 물론 그 '정도의 차이'는 너무도 컸다. 내가 이들을 '19세기 초반, 흑인 여성 노예를 대하는 백인 남성들'이라 통틀어서 규정한다면 그러한 차이를 무시하는 일이 되리라.

그렇다면 여성들은 내게 어떤 존재였는가? 나는 와일린가에서 대부분의 시간을 여성들과 함께 보냈다. 이것 때문에 내가 이들과 피로할 만큼 복잡한 관계를 맺게 되었다고 한때 생각하기도 했다. 나는 그들의 낯선 사고방식을 더듬어가면서 어렵게 19세기 메릴랜드 생활에 적응해나갔다. 사람들은 (내가 꾸며낸 것이지만) 뉴욕 출신의 이방인인 나의 행동거지를 일부 눈감아주면서도 한편으로는 호기심과 불편함을 감추지 못했다. 그들은 나에 대해 질문을 거듭해가며 내가 '문제적인 존재'임을 확인했던 듯하다. 그러나 그 이질감 속에서도 그들은 내가 비집고 들어갈 만한 틈을 남겨주었다. 나는 그들과 함께 지내며 친밀하다 할 만한 관계를 형성해나갔다.

그러나 외부의 시선에서 나는 고작 '검둥이 노예' 또는 때때로 가치매김당하는 '여자 노예'일 뿐이었다. 이는 나의 위치를 가장 잘 설명해주는 말일 수도 있다. 그러나 그

단순한 명칭이 실제 삶이 필연적으로 지니는 다양한 모습을
가리는 효과에 대해서도 생각해봐야 한다. 한때 나와 함께
와일린가에서 지내면서 케빈은 흑인 노예의 삶이 생각했던
것만큼은 비참하지 않다고 말한 적이 있다. 그 말에는 항상
채찍에 맞고 제대로 말도 하지 못하는, 굶주리고 비참한
피해자로서 흑인 노예의 삶이 막연히 전제되어 있다. 그 또한
일면 사실이기는 하다. 그러나 나는 와일린가에서 지내면서
피해자의 모습으로만 환원되지 않는 인간 군상을 목격했다.
흑인 노예들은 억압적인 노예제의 구조 안에서 자기의 입지를
적극적으로 다져나가는 사람들이었으며, 때로는 순응하고
때로는 소극적이나마 저항하는 전략가들이기도 했다. 이들이
받는 억압은 단순히 채찍을 맞는 것으로만 설명되지 않았으며
대신 생활 전반에 걸쳐 다양한 제한과 금기로 구성되었다.

그렇기에 당시 메릴랜드에서 살아가던 흑인 노예들을
나약한 사람들로 단순히 재현할 수만은 없다. 이들의 삶은
'흑인 되기'와 '노예 되기', 그리고 '흑인 노예 되기'를 규정하는
복잡한 조건들이 각기 다른 방식으로 적용되며 사회적 위치가
재배치되는 과정이다. 여기서 생물학적인 조건은 거의 외적인
부분에 국한하여 자의적으로 규정되고 해석되며, 일상에서
흑인 노예로 살아가는 데는 이보다 훨씬 다양한 조건들이
개입한다. 생애사적 서술은 그러한 과정을 가장 세세하고
설득력 있게 보여주는 도구가 될 것이다.

나는 와일린가에서 지내는 동안 많은 시간을 흑인
여성들과 함께 보냈으며 나 또한 그들과 같은 입장으로서
노예제라는 구조에 강하게 제약을 받았다. 노예제는 이들의
생애 전반에 걸쳐 다양한 방식으로 지대한 영향을 미쳤고,
여성들을 각기 다른 방식으로 억압했다. 그러한 삶의 경험은
여성들로 하여금 다채로운 삶의 방식과 전략을 지니게끔 했다.
나는 와일린가의 여성 군상을 묘사하고 이들의 삶이 걸어온
생애를 살펴보고자 한다.

이어지는 내용은 내가 와일린가에서 만난 세 명의 흑인
여성, 그리고 한 명의 백인 여성에 대한 것이다. 와일린가에서
백인 여성은 마거릿이 유일했다. 집안사람들의 지위를
규정하는 데 '인종'이 가장 강력한 기준으로 작용했음은
분명하므로, 마거릿을 다른 흑인 여성들과 같은 선상에서
다루는 설명 방식은 옳지 못하다. 마거릿 또한 남성 위주의
세계에서 자유롭지 못한 여성이었다 해도 이를 흑인
여성들의 경험에 빗댈 수는 없다. 다만 그녀가 살아온 모습은
'위협적이고 강한 백인'과는 거리가 있었다. 따라서 이 글에서
마거릿을 함께 다룸으로써 '흑인 여성 노예'를 구성하는 하나의
축, 즉 성별이 지니는 의미를 살펴보고자 한다. 마거릿의
삶에서 성별이라는 요소는 흑인 여성들(세라, 캐리, 앨리스)과는
다른 방식으로 작용한다. 성별이 인종적 요소와 맞물리면서,
여러 규범이나 통치 기제가 복잡한 방식으로 생성되고 얽히는

지점을 주의 깊게 살펴볼 필요가 있다.

네 여자의 삶: 인종과 성별이 작동하는 사례들

① 마거릿

마거릿은 와일린('주인님')의 아내이자 와일린가의 여주인이었다. 나는 마거릿과 사적인 대화를 나눈 적이 거의 없다. 마거릿은 남편과 아들에게 온갖 헌신을 다했지만, 이들에게 소리를 지르거나 눈물로 호소하는 모습 또한 심심찮게 보였다. 반면 두 남자는 마거릿을 냉담하게 대했고 그녀와 대화를 나누려고 하지도 않았다. 특히 루퍼스는 나이가 들수록 제 엄마를 차갑게 대했다. 한번은 마거릿이 케빈에게 마음을 품고 접근한 적이 있었다. 떠돌이 이방인이든 수상한 흑인 여자를 대동하고 다니든 케빈 역시 백인이었던 것이다. 마거릿은 백인이 아닌 '사람'과는 정서적인 교류를 할 수 없다고 여기는 듯했다.

　　　　마거릿은 몸집이 작지만 숱 많은 빨간 머리에 매우 외모가 아름다워 눈에 띄었다. 세라는 마거릿이 와일린과 결혼하는 모습도 지켜보았다.(정확히는 결혼식을 위해 음식을 만들었다.) 세라의 말에 따르면, 와일린은 첫 부인과 사별한 이후 마거릿을 집에 들였다. 마거릿은 한때 사업을 하다 몰락한 집안 출신이라고도 했다. "노예도 한 명 거느리지 못하는" 집안 사정

때문에 마거릿은 자신보다 한참 나이도 많은 와일린과 결혼할
수밖에 없었던 것 같다. 그녀의 아버지는 두 딸, 마거릿과
메이를 서둘러 "치워버렸다."

　　와일린가에서 마거릿은 꽤 바쁘게 돌아다녔다. 그녀는
와일린이 소유한 가내 노예를 지휘하는 일을 맡았다. 식사
준비나 집안 청소를 하도록 명령을 내리고 노예들이 일을
제대로 했는지 확인하느라 온종일 바빴다. 그러나 흑인들은
그녀가 지루함을 이기지 못해 괜한 일들을 만들어낸다며
비아냥거렸다. 부엌채나 다락방에서 마거릿은 "품위 없는
여자"나 "망할 년"으로 통용되곤 했는데 본인 또한 이를
어렴풋이 알고 있었다. 흑인들이 본인 앞에서 대놓고 비난을
하지 않는 것은 자신의 밝은 피부색 때문이라는 것도 알았다.

　　이 때문인지 마거릿은 흑인들에게 우습게 보이지
않으려고 안간힘을 썼다. 그녀는 온종일 '건방진 검둥이'들에
대해 불평하며 돌아다녔으며 조그만 실수라도 보이면
손찌검을 서슴지 않았다. 그녀는 자신의 아들은 거의 때리지
않았으나, 흑인 노예라면 가차없이 뺨을 때렸다. 그중에는
와일린의 강간으로 태어난 아기들도 있었다. 남편과 거의
대화를 하지 않아도 남편의 눈길이 닿은 흑인 여성이
누구인지는 늘 주시하고 있었던 것이다.

　　손님이 방문하거나 모임에 다녀온 날이면 마거릿은 더욱
불안해했다. 그녀는 남편의 관심을 받지 못하며, 별 볼 일 없는

가문 출신에다. 본인이 읽고 쓸 줄 모른다는 공공연한 사실을
들킬까 봐 전전긍긍했다. 번듯하게 보이려고 온갖 사치품을
사들였으나 흑인들마저 그녀를 전 '안주인'과 비교하며
무식하다고 비꼴 뿐이었다. 그러나 그녀와 친하게 지내는 백인
여성을 본 적은 없다. 볼티모어에 언니가 살고 있을 뿐 그녀와
사적인 이야기를 나눌 만한 친구는 주변에 없었다. 게다가
자신이 낳았다고 대단히 자랑스러워하는 그 아들마저 그녀를
귀찮아하곤 했다.

아마 나의 등장이 마거릿의 불안감과 열등감을
폭발시켰던 것 같다. 마거릿은 나의 '소유주'는 아니었지만
늘 본인이 나보다 우위에 있음을 상기시켰다. 마거릿은 내가
"백인처럼 말한다."라며 처음부터 못마땅했고, 읽고 쓸 줄
안다는 것을 알자 더욱 차가운 반응을 보였다. 나는 그녀의
아들에게 책을 읽어주곤 했는데, 이에 대해 와일린 씨는 별
반응을 보이지 않았지만 마거릿은 방해하려고 애를 썼다.
루퍼스가 나를 좋아하고 자기 얘기를 한다는 것을 눈치 채고
나선 내가 자기 아들을 만나지 못하게 하려고도 했다. 내가
케빈과 애정 어린 관계를 유지한다는 사실 또한 그녀의 분노를
불러왔던 것 같다. 나는 흑인이지만 그녀가 갖지 못한 것들을
'부당하게도' 지니고 있었다.

이후 마거릿은 와일린가를 몇 년간 떠났다가
돌아왔는데 거동이 불편할 정도로 몸이 약해져 있었다. 그녀는

이전에 임신했다가 사산하고 본인도 거의 죽을 뻔한 적이 있다.
그 때문인지 아무런 도움이 되지 않는 의사의 처방에 집착했다.
그녀는 극도로 불안한 반응을 보이다가 결국 언니가 있는
볼티모어로 거처를 옮겼고 다시 와일린가로 돌아왔다. 돌아온
마거릿을 보는 나의 마음은 연민과 짜증이 반반씩 섞여 있었다.
그녀는 팔팔했을 때처럼 위협적이지는 않았지만 자신을
돌봐달라며 너무 자주 나를 찾았다. 그녀는 예전과 비교하면
이상하리만큼 유약하고 친절한 모습을 보였지만 때로는 집안의
'안주인'으로서 위엄을 보이려고도 했다. 무엇보다 아편에
중독된 상태에서도 '건방진 흑인'을 응징하려는 의지는 꺾이지
않았다.

② 세라

세라는 실질적으로 부엌채의 주인이었다. 나는 많은 시간을
부엌채에서 일하며 세라와 좋은 관계를 유지했다. 세라는
와일린가에서 오래 지냈기 때문에 내가 미처 알지 못했던 것을
많이 알려주었다. 나는 와일린가에 대한 거의 모든 정보를
세라와 루퍼스에게서 들었다.

　　　　세라는 어릴 때 와일린가에 팔려왔으며 자기 부모에
대해서는 거의 기억하지 못했다. 와일린가에서 살기
시작하면서부터 그녀는 대부분의 시간을 부엌채에서 지냈다.
이제 세라는 부엌채를 누구보다도 속속들이 알며 다른

가내 노예들에게 명령을 내릴 수 있는 사람이 되었다. 다른
사람들이(심지어 루퍼스조차) 세라를 '아줌마'라고 부르는 모습은
흡사 그녀가 리더로 있는 모계 가정을 연상케 했다.

이렇게 자리를 잡기까지 결코 녹록지만은 않았다고
그녀는 이야기했다. 와일린가에서 만난 남편과 사별하고
아이를 넷 낳았으나 와일린은 말을 못하는 막내딸 캐리만
남기고 모두 팔아버렸다. 세라는 그 일이 마거릿의 결정
때문이라고 굳게 믿고 있었다. 마거릿이 세라를 피하는 것을
보면 아주 틀린 생각은 아닌 듯했다. 세라는 마거릿을 "백인
쓰레기", "망할 년"이라고 불렀다. 마거릿은 세라가 지닌
적대감을 알면서도 그녀를 함부로 대하지 못했고 와일린 또한
그녀를 요리사로 계속 두었다. 와일린가에서 세라는 '주인'에게
복종했지만 한편으로는 암묵적인 권위를 인정받는 존재이기도
했다. 부엌채는 그녀의 공간으로, 예외적인 상황이 아니면 어떤
백인도 그 안에 들어가지 않았다.

또한 세라는 와일린과 노예들 간의 중재를 맡기도 했다.
와일린은 노예들이 어떻게 일하고 있는지 세라에게 의견을
구해 판단했으며 그녀의 안목을 꽤 믿는 듯했다. 사실 세라는
반쯤은 감시자 입장이었으며 게으른 노예들에게 매우 엄격한
태도를 취했다. 때로 세라는 흑인 노예들에 대해 "분수를
알아야 한다."라거나 "게으른 검둥이들"이라고 말하곤 했는데,
이 때문에 그녀는 내게 백인 주인 앞에서 순종적인 사람으로도

보였다.

      그러나 시간이 갈수록 나는 그녀가 겁쟁이가 아닌 전략가임을 알게 되었다. 세라는 태어나면서부터 노예제에 종속된 사람이었다. 세라의 삶이 그 제도를 벗어나기란 거의 불가능했다. 그녀는 자신이 가진 것들을 정확히 파악하고 그를 최대한으로 활용하려 했다. 세라의 판단력과 행동력은 다른 흑인들을 압도했으며, 이로써 그녀는 명실상부한 리더로서의 입지를 다졌다. 한편 그녀의 전략은 항상 카리스마적이지만은 않았다. 무엇보다도 그녀는 자기 아이들을 팔아버린 '주인'의 명령을 말없이 따랐다. 그런가 하면 "아직 젊고 예쁠 때 사바사바해서" 남자를 구슬리라는 조언을 해서 나를 뜨악하게 만들기도 했다. 그녀가 보기에 케빈은 내 위치에서 활용할 수 있는 최고의 자원이었던 것이다.

      이러한 전략 덕분인지 세라는 내가 와일린가에 머무르는 동안 자기 위치를 변함없이 지킨 거의 유일한 사람이었다. 그녀는 내게 가장 유용한 조언을 해주거나 주인에게 나를 좋게 평가해서 실질적인 도움을 주는 사람이기도 했다. 세라가 없었다면 내가 와일린가에 자리를 잡고 생활하기란 거의 불가능했을 것이다.

③ 캐리

캐리는 세라의 넷째 딸이자 유일하게 와일린가에 남은 세라의

아이였다. 캐리가 팔려가지 않은 것은 그녀가 이른바 '멀쩡하지
않은 노예'였기 때문이다. 캐리는 말을 할 수 없었기 때문에
직접 만든 수신호를 대화에 사용했다. 흑인 노예들조차 캐리를
종종 멍청한 사람 취급했지만 캐리는 신경 쓰지 않았다. 그녀는
자기가 필요한 곳이 있으면 말없이 나타나서 빈틈을 메웠다.
또한 그녀는 와일린가에서 일어난 일들을 거의 모두 기억하고
있었으며, 눈치가 빠르고 기민했다. 이는 사람들이 캐리 앞에서
경계를 풀고 별로 말조심을 하지 않은 덕이기도 했다. 나는
캐리가 그녀의 남편, 나이절의 어깨 너머로 글을 배웠다는 것을
눈치챘다. 흑인 노예들 중 글을 읽고 쓸 줄 아는 사람은 나밖에
없었기 때문에 나는 나이절에게, 나중에는 앨리스의 아들에게
글을 가르쳤다. 캐리는 아마 그들에게 도움을 얻었으리라.

　　　세라는 캐리가 글을 배우는 것을 두려워했다.
마지막으로 남은 아이를 잃을까 봐 초조해했던 것이다.
그러나 캐리는 커가면서 와일린가 내부에서 자기의 입지를
견고하게 다졌다. 캐리는 와일린가에서 나고 자랐으며 주인집
식구들과도 익숙한 관계에 있었다. 그녀는 와일린가에서 가장
뛰어난 일꾼과 결혼했으며, 주인집은 그들을 위해 결혼식을
특별히 신경 써주었다. 캐리 부부는 곧 자기들만의 오두막을
따로 지었다. 이제 와일린에게 캐리는 나이절이 도망칠 수
없도록 그를 묶어두고 자식들도 낳아주며 일도 잘하는
유용한 일꾼이 된 것이다. 캐리는 앞으로도 절대 노예상에게

팔리지 않을 터였다. 캐리는 남편이 벌어온 부수입을 정리하고
아이들을 돌봤다. 나는 훗날 캐리가 세라의 뒤를 이어 부엌채를
돌보게 되리라 예상한다.

　　　캐리는 대개 나를 참을성 있게 대해주었다. 때로
내가 초조해할 때는 수신호로 위로해주기도 했다. 나는 다른
노예들로부터 "하얀 검둥이"라 이따금씩 비난을 받곤 했는데,
캐리는 단호하게 신경 쓰지 말라고 말해주었다. 그녀는
신중하고 든든했으며, 내가 와일린가에서 계속 버틸 수 있도록
하는 원동력이 되었다.

④ 앨리스

앨리스는 와일린가 근처 오두막에서 자유민으로 태어났고,
한동안은 자유민으로 길러졌다. 그녀는 성장하여 결혼할
때까지 어머니와 함께 살았다. 아버지는 와일린가의
노예였다가 이후 다른 지역으로 팔려갔다. 어머니가
돌아가시기 직전, 앨리스는 와일린가의 흑인 노예인 아이작
잭슨과 결혼했다. 결혼 전에 그녀의 성은 그린우드였다.

　　　앨리스의 결혼을 망치고 그녀를 노예로 만든 건
와일린가의 '도련님'이었다. 루퍼스는 예전부터 앨리스와
친구로 지냈지만 나중에는 그녀에게 집착하며 억지로
붙잡아두고 싶어했다. 앨리스는 루퍼스에게 강간당할
뻔했으며, 가까스로 벗어나 남편과 자유 도시로 도망치다가

붙잡혔다. 결국 앨리스의 남편은 미시시피 노예상에게 팔렸고,
남편의 도주를 도왔다는 이유로 앨리스는 노예가 되었다.
루퍼스는 많은 돈을 들여 앨리스를 샀다.

　　　앨리스는 도주하다 붙잡혀서 구타를 심하게 당했고
그 이후로 오랜 회복 기간을 가져야 했다. 주인집은 물론 많은
사람들이 앨리스를 두고 쓸모없이 돈만 축낸다고 수군거렸다.
그러나 그녀는 곧 자기 할 일을 찾았다. 솜씨 좋게 바느질을
도맡았으며, 때문에 원래 그 일을 하던 노예가 앙심을 품기도
했다. 그녀는 그렇게 와일린가의 가내 노예로 적응해나갔다.

　　　그러나 원래 자유민이었던 앨리스는 항상 자유를
갈망했다. 그녀는 다른 흑인 여성과는 다른 면이 있었다. 비록
교육을 받지는 못했지만 앨리스는 결코 '주인'에게 충성하지
않았다. 그녀는 다른 여성들처럼 머리를 싸매지도 않았으며
항상 깔끔한 복장으로 품위를 유지했다. 앨리스와 함께
지내다 보면, 그녀가 얼마나 백인을 불신하고 경멸하는지 알
수 있었다. 그녀는 백인 의사조차 믿지 않았다.(이는 꽤 현명한
판단이기도 했다.) 그러나 그보다 앨리스가 더 싫어하는 존재는
'흰둥이 쓰레기'에게 붙어 충성하는 흑인들이었다. 앨리스는
내가 백인과 비슷한 말투를 쓰며 읽고 쓸 줄 안다는 이유로
가끔씩 나에게 "책 읽는 검둥이", "하얀 검둥이"라고 비난을
퍼부었다.

　　　그러나 그녀가 루퍼스에게 당한 일을 떠올리면 그런

반응도 무리는 아니었다. 루퍼스는 앨리스가 자기 방에서 지내도록 강제했고, 앨리스가 자기를 사랑하지 않는다는 이유로 폭력을 가했다. 앨리스는 루퍼스에게서 벗어날 방법이 달리 없었고 이후 아이를 둘 낳고 둘은 유산했다. 그녀는 성경에서 자유를 찾은 인물의 이름을 따와 아이들에게 붙였다. 또한 루퍼스에게 부탁해 나로 하여금 아이들에게 글을 가르치게 했다. 때때로 나를 "글 읽는 검둥이"라 비난하면서도 읽고 쓰는 것이 자립하는 힘이 될 수 있다는 것을 알고 있었던 것이다.

앨리스는 나와는 다르지만 꽤 비슷한 이유로 다른 흑인 노예들에게서 비난을 받았다. 그녀는 백인의 아기를 낳고 길렀으며 백인과 같은 방에서 지내는 사람이었다. 또한 이러한 관계 때문에 백인 '주인'에게 직접 맞을지언정 무자비하게 채찍을 휘두르는 관리자의 폭력은 피할 수 있었다. 하지만 백인 주인을 좋아한다는 주변의 비아냥은 그녀의 자존심을 건드린 것이 틀림없다. 앨리스는 루퍼스를 사랑하기는커녕 믿지도 않는다고 종종 이야기했다.

앨리스는 결국 아이들을 데리고 도주를 시도하다 붙잡혀서 매질을 당했다. 그녀는 루퍼스가 아이들을 자유민으로 풀어줄 거라고 믿지 않았고 직접 자유 도시로 이동할 계획이었다. 나는 그녀를 위해 도주에 필요한 아편을 소량 구해주었지만 결과적으로 소용이 없었다. 루퍼스는

그녀의 아이들을 빼앗아 숨겨두었고, 결국 앨리스는 한동안
앓아누웠다가 목을 매 자살했다. 루퍼스는 백인들이 하는
방식으로 그녀의 장례를 치렀다.

　　나는 와일린가에 있는 동안 몇 번의 죽음을 목격했다.
그러나 내가 깊은 애정을 갖고 있던 사람이 죽은 것은 앨리스의
경우가 유일했다. 앨리스의 죽음은 나에게 큰 타격을 남겼다.
앨리스의 죽음으로, 나는 루퍼스를 변화시켜보려고 했던
내 노력이 얼마나 헛되었는지 깨달았다. 한편 루퍼스는
루퍼스대로 나를 통해 앨리스의 빈자리를 채우려고 했다. 결국
그 때문에 나의 와일린가 체류는 끝이 났다.

　　앨리스가 생전에 나를 대하던 태도는 매우 복잡했다.
그녀는 누구보다 나를 굳게 지지했고 나를 괴롭히는 사람이
있기라도 하면 혼쭐을 내주었다. 그러나 그녀만큼 나를 함부로
대하는 사람도 없었다. 그녀는 때로 주인집 식구들이 하는
것보다도 험악한 말을 내게 퍼붓곤 했다. 또한 케빈을 남편으로
둔 내게 경멸의 말을 뱉기도 했다. 이는 억지로 백인 주인에게
묶여 있는 자신의 처지를 자조하거나, 그러한 관계가 나와
달리 자발적인 것은 아니라는 표현이었던 듯하다. 그런가 하면
흑인인데도 글을 읽고 쓸 줄 아는 나를 비난하면서도 결국
나에게 부탁해 자기 아이들에게 글을 가르쳤다.

　　그녀가 그토록 모순적인 태도를 보인 이유는 아마
자유에 대한 감각이었으리라. 그녀는 와일린가에서 살고

싶지 않다고 공공연히 이야기하는 유일한 여성이었다.
때로는 도주하길 두려워했지만 결코 다른 여성들처럼 집에서
떨려나갈까 전전긍긍하지는 않았다. 자유민 어머니 밑에서
자유민으로 길러진 앨리스는 아마 나와 지내면서 일종의
동질감을 느끼지 않았을까 싶다. 앨리스가 보기에 나는
자유로워질 수 있는 조건들, 예컨대 잡다한 지식과 읽고 쓸
줄 아는 능력을 갖고 있는 데다 백인 남편을 두고 있었다.
그녀가 다시 자립할 힘을 길러가는 시기에 나는 와일린가에
적응해가고 있다는 점이 못마땅하게 보였을지 모르겠다.
그러나 나 또한 그녀와 마찬가지로 와일린가에 몸은 묶여
있지만 자유에 한 발 걸치고 있는 사람이었다. 지금에서야
회상하자면 나와의 대화도 그녀에게는 일종의 해방구가 되었던
것 같다. 사람들은 우리를 자매 같다고들 말했다. 실제로
우리는 서로 너무나 닮아 있었다.

나가며: '친족(Kindred)'을 모색하기에 앞서

나는 생애 전체에서 얼마 되지 않는 시간을 메릴랜드의
와일린가에서 보냈다. 연속적이지 않을지라도 이 기간을
통틀면 20년 정도에 이르렀다. 그동안 나는 케빈과 동행하기도
했고 케빈 없이 지내기도 했다. 케빈은 잠시나마 나의 보호막이

되어주기도 했으나 내가 와일린가 안에 자리를 잡고 실질적인 생활을 할 수 있게 도와준 것은 무엇보다 흑인 여성들이었다. 나는 이들과 도움을 주고받고 정서적으로 교류하고 때로는 갈등을 겪기도 하면서 내가 케빈이 아닌 새로운 이들과 친족 관계를 맺고 있음을 감지했다. 실제로 앨리스 모녀는 나와 모계로 이어지는 관계이기도 하다. 그러나 혈연 관계가 아니더라도 나는 친구들(앨리스, 세라, 캐리와 테스)과 가족 같은 관계였다. 부엌채는 우리의 공간이었고 사람들은 세라를 엄마로 여기며 의지했다.

한편 와일린가에서 나는 이제껏 해본 적 없는 과제를 수행했다. 나의 목표는 살아서 돌아가는 것이었으므로 새로운 생존 전략을 빠르게 익힐 수밖에 없었다. 내가 흑인으로 분류되는 한 나의 모든 것이 문젯거리였다. 나의 복장이나 말투, 읽고 쓰는 능력, "마녀나 가질 법한 치유 능력", 케빈과의 관계, "말대꾸"하는 습관에 이르기까지 모든 것이 도마 위에 올랐다. 와일린가에서 흑인 여성으로 살아가는 유일한 방법은 노예로 존재하는 것이었기에, 나는 '흑인 여성 노예'에게 요구되는 조건들을 민감하고 빠르게 감지해나갔다.

흑인 여성 노예가 된다는 것은 물론 피부색과 성별에 달려 있었다. 검은 피부를 지닌 나는 19세기 초반의 메릴랜드에서는 '흑인 여성 되기', 즉 '노예 여자 되기'를 거부할 수 없었다. 내가 원래 습관대로 자연스럽게 행동할 때면 흑인과

백인 가릴 것 없이 많은 사람이 날 비난했다. 말하자면 나는
'흑인 여성'이 갖출 만한 여러 '미덕'이나 특징을 흩트리고
흑인과 백인을 가르는 이분법적 관념을 깨뜨리는 낯선
존재였다. 나는 흑인 여성이었지만 단순히 읽고 쓸 줄 아는 것
이상으로 교육받았으며, 백인 남편이 있었고, 백인의 말투를
썼으며, '작은 주인'에게 어느 정도 '존중'을 받았다. 때문에
나는 흑인 집단과 백인 집단 어느 곳에도 완전히 속하지 못하는
동시에 양 집단에 모두 속하는 사람이 되었다.

　　가장 혼란스러웠던 것은 흑인 여성에게 요구되는
지침들이 백인 여성의 경우와 판이하게 다르다는 사실이었다.
이는 물론 흑인 남성의 경우와도 달랐다. 예컨대 백인
'숙녀'들에게는 일하지 않고 품위 있게 시간을 보내는 것이
미덕이라면, 노예의 삶을 사는 흑인 여성들에게는 열심히
일하고 아이를 많이 낳는 것이 미덕이었다. 또한 백인(특히
남성)의 경우 읽고 쓸 줄 모르는 것을 부끄러워하는 경우가
많았으나 흑인 노예는 성별을 불문하고 그러한 기술과 지식에
접근할 수 없었다. 이처럼 흑인 여성과 흑인 남성, 백인 여성과
백인 남성에게 '합당한 영역'들은 각자 달리 배치됐다.

　　그리고 각자의 영역에 해당하는 개인들은 다른 이들과
맺는 관계를 통해서도 자신의 위치를 끊임없이 확인했다.
인종과 성별 범주에 따른 금기들은 애초에 인간관계를 염두에
두고 형성되었다. 예컨대 바람직한 성애 관계는 같은 인종에

한정된 이성애 관계여야만 했다. 특별한 제도적 결합이
없더라도, 만약 '부적절한' 관계 사이에 애정이 존재한다면
비난받을 만한 사건이 되었다. 다만 폭력적인 관계는 (백인에서
흑인에게로 흐르기만 한다면) 일관되게 용인되었다.

    또한 백인 남자들에게 '빌붙는' 흑인 여성들은
비웃음을 샀다. 노예 소유주들은 상당히 빈번하게 흑인 여성을
강간했지만 어쨌든 이는 법에 어긋나지 않는 일로 묵인됐다.
반면 흑인 여성이 백인 남성을 '유혹'했다고 판단되면 그녀는
어떤 식으로든 비난을 감내해야 했다. 백인 소유주는 흑인
여성 노예의 몸과 노동력뿐 아니라 그녀의 성도 소유할 수
있었다. 이것은 흑인 여성과 남성 노예의 삶을 가르는 지점들
중 하나이기도 했다.

    이러한 노예들의 위치 및 관계는 노동 영역에서
가시화되기도 했다. 크게 집안과 밭으로 나뉘는 일터에서
노예를 배치하는 것은 그 자신의 역량뿐이 아니었다. 대신
노예 개인이 백인으로 구성된 주인집 식구들과 맺는 관계가
이를 좌우하기도 했다. 힘든 밭일로 노예를 내몲으로써 주인은
노예에게 징벌을 가하기도 했던 것이다. 반면 노예들은 고된
일을 조금이라도 피하기 위해 주인에게 더욱 충성하고 의존할
수밖에 없었다.

    위 내용은 위에 열거된 여성들 외에도 테스, 리자,
그리고 샘의 여동생들이나 아이들의 모습을 통해 재구성했다.

언급하였듯이 '흑인 여성 노예'라는 위치를 규정하기란 쉽지 않다. 이들이 처한 조건과 구조, 그리고 접근 가능한 관계들을 포함하여 더욱 깊게 서술하자면 훨씬 다양한 사례를 세밀하게 참고해야 할 것이다.

또한 표면적으로 노예에서 벗어난 이들이라 해도 결코 노예제에서 자유롭지 않았다는 사실을 인지해야 한다. 앨리스의 막내딸이자 나의 조상인 헤이거 와일린 블레이크 또한 그랬으리라 짐작한다. 예기치 않았지만, 헤이거는 어머니인 앨리스의 바람대로 와일린가에서 벗어나 자유민으로 살았다. 나에게까지 이르는 자유 시민으로서의 계보는 헤이거를 시작으로 이어진다고 할 수 있겠다. 그러나 그녀 또한 유년 시절을 벗어나서도 노예제의 영향에서 자유롭지 못했을 것이다. 노예제의 그림자는 시간 여행이라는 무척 혼란스러운 방식으로 나에게도 엄습해왔다.

나는 과거로 돌아가 익힌 전략들을 생각한다. 노예를 사고팔며 채찍질을 일삼던 시기처럼 노골적인 방식은 아닐지 모르지만, 나는 흑인 여성으로서 여전히 견고한 차별의 굴레를 체화한 채로 살고 있다. 차별에 대한 감각은 앨리스로부터 나를 잇는 선이기도 하다. 그것은 일직선상으로서가 아니라, 지난한 역사를 겪으며 부단히 변화해온 굴곡진 선으로 존재한다. 차별의 구조 속에서 흑인 여성이라는 타자의 위치를 점한 채 살아간다는 것은 결국 나와 비슷한 다른 타자를 만남으로써

비로소 인식할 수 있는 것일지도 모르겠다. 내가 앨리스와
동시대인으로서 맺은 관계, 그리고 그 시대의 유산을 이어받은
후손으로서 그녀와 맺은 관계는 바로 그 점을 깨닫게 해주었다.

사변적 아나키즘 실험과

현실의 국가 없는 사회

『빼앗긴 자들』과 아나키스트 인류학

『빼앗긴 자들』이 제공하는 사변적 아나키즘

어슐러 K. 르 귄의 SF 작품 상당수를 관통하는 주제 중 하나가 바로 '유토피아'다. 16세기 초 영국의 문필가 토머스 모어의 저서 『유토피아』에서 기원한 유토피아(utopia)는 '없다'는 의미의 그리스어 ou와 '장소'를 뜻하는 그리스어 topos를 조합한 단어로, 어원상 "어디에도 없는 장소"를 가리킨다. 이렇듯 현실에 존재하지 않는 이상향을 의미하는 유토피아는 이 책의 프롤로그에서 언급했던 '아직 일어나지 않은 일'을 다루는 SF의 단골 소재가 되어왔다. 특히 르 귄의 소설들은 특유의 사변적 사고실험을 통해 유토피아라는 주제를 다채롭게 고찰하는 결과물이라 해도 과언이 아니다. 그 가운데 유토피아의 양면성과 모순을 직접적으로 드러내어 해부하는 작품이 바로 장편소설 『빼앗긴 자들』[1]이다. 이 작품은 우라스와 아나레스라는 상반된 사회 체제를 지닌 두 행성에 관한 이야기를 통해 우리가 살아가는 현실 세계에 대한 비판과 대안적인 유토피아 실험의 명암을 동시에 그려낸다.

　　『빼앗긴 자들』은 작품이 쓰여진 1970년대 초 당시의 냉전 상황을 반영하는 국가 체제에 대한 묘사를 담은 우라스에서의 이야기와 '오도니즘'이라 불리는 아나키즘을 따르는 이들이 개척한 아나레스에서의 이야기, 크게 둘로 나뉘어 진행된다. 주인공 쉐벡은 아나레스 출신의 이론물리학자로, 헤인 시리즈의 항성 간 초광속 통신수단 '앤서블'의 작동 원리인 '동시성 이론'의 주창자이다. 청소년 시절부터 이론물리학 분야에 두각을 나타낸 쉐벡은 어느 순간 연구를 더 이상 진행할 수 없다는 걸 깨닫는다. 소유하지 않고 뭐든지 나누며 계급과 권력이 없는 유토피아 사회인 아나레스에서는 개인의 자율성과 독립성을 상당 부분 요하는 최신 과학 이론을 연구하기에 난점이 있었던 것이다. 결국 쉐벡은 자신의 이론을 완성하기 위해 아나레스를 떠나 우라스로 향한다. 르 귄은 두 행성에서 그가 겪는 경험을 번갈아 서술하며 상반된 두 사회를 대조한다.

'빼앗긴 자들(The Dispossessed)'이라는 제목이 함의하는 것처럼 작품은 겉으로는 완벽해 보이지만, 사실은 무언가 결핍된 두 사회의 이면을 그려낸다. 소설은 우라스에서의 현재와 아나레스에서의 과거라는 두 시간대를 병렬적으로 배치한다. 현재를 다루는 챕터는 아나레스를 떠난 쉐벡이 우라스에서 겪는 일들을 따라간다면, 과거에 해당하는 챕터는 물리학자로 성장한 쉐벡이 개별 연구자로서 한계에 직면해 아나레스를 떠나기로 결심하기까지의 여정을 다룬다. 우라스에서의 챕터가 빈부 격차와 성차별 등의 문제가 만연한 우리의 현실을 적나라하게 드러낸다면, 아나레스를 다룬 챕터에서는 반대로 우리가 겪어보지 못한 '국가 없는 사회'에 대한 사고실험을 진행한다.

대조적인 두 갈래의 내용 중, 인류학자인 내 입장에서 더 흥미롭게 다가온 쪽은 아나레스에서의 이야기였다. 물론 겉으로 보이는 화려한 삶의 이면에 각종 차별과 불평등이 은폐된 우라스에서의 이야기 역시 흥미로웠지만, 우리가 실제로 살아가는 현실과 가깝다 보니 익숙하게 느껴지는 건 어쩔 수 없었다. 반면 다양한 형태의 사회와 문화를 연구 대상으로 삼아온 인류학을 전공한 내게 르 귄의 아나키즘 사회가 제공하는 대안적 상상력은 무척 인상적이었다. 게다가 얼핏 유토피아 사회처럼 그려지는 아나레스 역시 완벽하지만은 않다는 지점 또한 흥미로웠다. 아나키즘 공동체의 이상향을 높이 평가하면서도 그 한계와 난점을 고찰하는 이 책은 다른 무엇보다도 사변적 아나키즘 실험의 결과물로 보기에 충분하다.

수년 전 문화와 권력을 주제로 한 대학원 강좌에서 『빼앗긴 자들』을 읽을거리로 제시하고, 수강생들에게 아나레스와 우라스 중 한 곳만 택해 살 수 있다면 어디를 택할 것인지 물은 적이 있다. 두 차례에 걸쳐 진행한 수업에서 매번 더 많은 선택을 받은 곳이 우라스였다는 사실(유토피아 사회로 묘사되는 아나레스가 아니라)은 두 사회가 각자 '빼앗긴' 측면을 르 귄이 그만큼 균형감 있게 그려냈음을 방증한다. 작품은 아나레스의 아나키즘 공동체가 '개인'으로서의 삶을 상당 부분 양보해야 작동 가능하다는 사실을 예리하게 서술한다. 차별이 만연한 우라스와 대조적인 아나레스에서의 삶 역시 모두가 평등하기 위해서는 무언가를 내놓아야 하며, 그에 대한 세심한 고찰이야말로 단순한 선악 이분법에 빠지지 않은 이 작품의 미덕이라 할 수 있다.

현실 민족지가 보여주는 '국가에 대항하는 사회'

애초에 주인공 쉐벡이 아나레스를 떠나기로 결심하게 된 이유도 바로 이 지점에서 출발한다. 작품 속 아나키즘 사상인 '오도니즘'은 여러 복합적인 요소가 균형을 이루는 유기체에 대한 유추를 바탕으로, 다양성을 존중하면서도 구성원의 자연적이고 사회적인 균형을 추구한다. 하지만 공동체의 작동을 위해 최소한의 중심은 필요하다.(작품에서는 "두뇌가 없는 신경 시스템은 있을 수 없다."[2]라고 비유한다.) 이렇듯 불가피한 중심부의 존재가 아나키즘 공동체에 잠재적인 위협이라는 걸 깨달은 아나레스 정착민들은 특정한 인물이나 집단에게 권력이 집중되지 않도록 주의를 기울였다. 어떤 분야에서 개인의 성취가 개인의 지배로 이어지지 않도록 사회 자체가 줄곧 경계해온 것이다.

그런데 이는 쉐벡과 같은 천재 물리학자에게도 마찬가지로 적용되었다. 그가 속한 사회는 전에 없던 혁신적인 이론 연구에 몰두하고, 나아가 우라스에서 활동하는 물리학자들과도 교류하길 원했던 쉐벡을 용인할 수 없었다. 게다가 연구소 내에서 상급자로 행세했던 사불이라는 인물의 질투와 아이디어 도용이 더해지며 쉐벡은 우라스로 향하기로 마음먹는다. 여기서 사불은 개인의 부상을 견제하는 공공의 견해를 이용해 역으로 조직 내에 자신의 '권력'을 구축한 흥미로운 존재이다. 아나키즘 공동체에서 어떻게 이런 상황이 등장할 수 있는가에 대해 작가는 쉐벡의 친구인 베다프의 목소리를 빌려 설명한다.

[베다프] 그 소인배들. 사불의 친구들 말이야! 권력을 쥔 작자들.

[쉐벡] 무슨 소릴 하는 거야, 다프? 권력 구조 따윈 없어.

[베다프] 없다고? 뭣 때문에 사불이 그렇게 강한 건데?

[쉐벡] 권력 구조나 정부 때문은 아니야. 여긴 우라스가 아니라고!

[베다프] 아니야. 우리에게 정부나 법률 같은 게 없긴 하지만 내가 아는 한 우라스에서도 법률이나 정부가 아이디어를 통제하지는 않았어. [······] 억압해 눌러서 아이디어를 으깰 수는 없어. 무시함으로써만 그럴 수 있지. 생각하기를 거부하고 변화하기를 거부함으로써. 그리고 우리 사회가 하고 있는 짓이 바로 그거란 말이야! 사불은 가능할 때는 널 이용하다가 그게 불가능해지자 출판도, 가르치는 일도, 심지어는 작업까지 못하게 하지. 맞지? 다시 말해 그는 네게 휘두를 권력을 가지고 있는 거야. 그 힘을 어디서 얻지? 권위를 부여받은 건 아니지. 그런 건 없으니까. 지적으로 탁월해서도 아니야. 그자에겐 지적 탁월함이 없으니. 사불은 평균적인 인간 정신에 내재한 비겁함에서 힘을 얻는 거야. 공공의 견해 말이야! 그게 그가 일부를 이루면서 어떻게 사용할지 아는 권력 구조야. 개인의 정신을 억압함으로써 오도니안 사회를 지배하는, 공인된 적도 없고 용인될 수도 없는 정부.[3]

베다프가 강조한 것처럼 아나레스에서 공인된 권위는 사회적으로 존재하지도 용인되지도 않지만, 공동체 구성원을 강제할 수 있는 권력은 암묵적으로 존재한다. 사불이라는 인물은 개인의 능력이 공동체 전체가 아닌 특정 개인의 성취로 이어지는 걸 경계하는 사회적 분위기를 역으로 이용해 특수한 형태의 권력을 누릴 수 있었던 것이다. 이처럼 아나레스라는 상상의 공간에서 전개되는 『빼앗긴 자들』의 사변적 실험은 아나키즘 공동체가 직면할 수 있는 난점과 역설을 효과적으로 그려낸다. 그렇다면 실제 현실에도 아나레스와 같은 '국가 없는 사회'가 있을까? 만약 그런 사회가 존재한다면 어떤 원리에 따라 작동하고, 그 한계와 난점은 어떻게 극복해나갔을까? 우리는 유사 이래 인류가 실제로 경험해온 다양한 사회 형태를 수집·분석해온 인류학의 민족지 사례를 통해 그 답을 찾아볼 수 있다.

인류학자들은 세계 각지에서 이른바 '원시사회'[■]에 대해 연구하며 정식 국가나 그에 상응하는 공식적인 제도가 없음에도 사회조직이 원활히 작동하는 집단의 사례를 소개해왔다. 그 가운데 실제 현실에 존재한 무(無)국가 사회의 구체적인 양상을 다룬 가장 유명한 논의는 피에르 클라스트르(Pierre Clastres)의 연구다. 클라스트르는 자신의 대표작인 『국가에 대항하는 사회』[4]와 『폭력의 고고학』[5]에서 국가가 존재하지 않는 원시사회에서의 권력 문제를 고찰했다.

클라스트르의 논의에 따르면, 그가 연구한 남아메리카 선주민의 권력 개념은 우리(근대 서구 사회뿐만 아니라 동양의 전통사회도 포함한다.)와 크게 다르다. 부족의 지도자에 해당하는 족장이 존재하기는 하지만, 그는 부족원들에게 어떠한 강제력도 행사할 수 없다. 대신 족장은 오직 집단 전체를 대변하는 권리만을 지닌 채 자기 사회의 욕망과 의지를 외부의 다른 집단에 전달하는 역할에 그치게 된다. 결국 원시사회의 지도자는 공인된 강제력으로서의 권력이 아닌, 부족 구성원의 존경과 인정에 기초한 권위를 지닐 뿐이다.

이런 사실에 대해 사회진화론 관점을 취한 기존 연구자들은 원시사회가 수준 이하의 맹아 상태 혹은 미성숙 상

■   이 책에서 '원시'라는 표현의 사용은 주의해야 한다. 어떤 사회가
    '원시적'이라는 말은 그 사회의 기술적·물질적 수준이 낮다는 것일 뿐,
    해당 사회가 미개하다는 의미는 절대 아니다.

태에 해당하며, 시간이 흐르거나 다른 기술적 발전에 의해 점진적으로 국가라는 상태에 도달할 것이라고 설명했다. 하지만 클라스트르는 이들 사회가 완전히 성숙한 사회이며, 이들에게 국가가 없는 건 그들 스스로 국가를 거부하기 때문이라고 주장한다. 그에 따르면 원시사회에서는 부족 구성원 간의 불평등을 막기 위해 하나의 전체로서의 사회가 권력을 소유하며, 그 권력은 족장이나 그에 준하는 특권 집단이 아니라 사회라는 몸체 자체에 존재한다.

그렇다면 족장이 지닌 권위(강제성을 지닌 권력이 아니라)는 어디서 오는 걸까? 그는 자신과 친족원의 힘으로 잉여 재화를 생산해 공동체 성원에게 나누어주고 그들로부터 명예와 위신을 얻는다. 그로 인해 발생하는 분화는 "단지 소수의 '부자' 노동자와 다수의 가난한 '게으른 자들' 사이의 분화일 뿐"[6]이다. 원시사회에서 족장은 스스로 노동해 부자가 되지만, 그 노동의 결과는 가난하고 한가로운 대중에 의해 전유되고 소비된다. 대신 재화를 나누어 받은 집단 전체는 족장에게 존경을 표하고 권위를 부여한다. 일종의 극단적인 '노블레스 오블리주'인 셈이다.

　　그럼에도 불구하고『빼앗긴 자들』의 아나레스처럼 현실의 원시사회도 특정한 개인이 거둔 성과가 권력의 획득으로 이어질 수 있다는 위험에 놓여 있는 건 마찬가지였다. 특히 원시사회에 만연한 '전쟁'■은 계속해서 무훈을 쌓는 데 성공한 전사가 권위에 만족하지 않고 권력을 추구하게끔 하는 배경이 된다. 실제로 우리는 인류 역사에서 수많은 '전쟁 영웅'이 군사 지휘관을 넘어 왕이나 황제, 대통령의 자리에 오른 사례를 알고 있다. 국가를 거부하는 원시사회가 계속해서 유지되기 위해서는 전사들이 공동체 안에서 집단을 이뤄 특권화하는 것을 막아야 한다.

　　원시경제의 영역에서 잉여 재화의 생산과 분배에 대한 대가로 족장에게 집단 전체가 권위를 부여하는 것처럼, 전쟁 영역에서도 무훈에 대한 대가로 권위가 전사 개인에게 주어진다. 그런데 원시사회의 전사들이 권력을 행사하는 집단으로 성장하지 못하는 건 원시사회의 전쟁에서 전사의

■　　클라스트르가 이야기하는 '전쟁'이란 국가와 국가 사이에 발생하는 대규모 파괴와 인명 살상을 가리킨다기보다는 소규모 원시사회에서 발생하는 집단 간의 물리적 분쟁 정도로 이해하는 게 좋다.

역할이 지닌 '개인적' 성격 탓이다. 철저한 위계와 군율을
바탕으로 군대가 조직되는 여타 사회의 전쟁과 달리, 원시
사회에서 전쟁의 참여자는 기본적으로 개인 단위의 전사이
다. 설령 계속 승리를 거둬 무훈을 쌓게 되더라도 권력으로
전환하기에 충분한 권위를 쌓기 전에 그는 전장에서 목숨
을 잃게 된다. 국가의 등장에 대항하기 위해 '전사에 대항하
는 사회'가 되어야 하는 원시사회에서 권력자의 지위에 근
접한 전사의 운명은 전장에서의 필연적인 죽음밖에 없다.

현실의 국가 없는 사회를 넘어서

국가에 대항하는 사회로서 원시사회의 작동 원리와 특유의
권력 개념에 관한 클라스트르의 주장은 흥미롭지만 동시에
논쟁적이기도 하다. 그의 주장이 지나치게 이상적이고 낭만
적이라는 비판도 제기되었으나, 다른 한편으로 이 같은 특
성 때문에 클라스트르의 논의는 인류학을 넘어 정치철학
등 다른 분야에까지 폭넓은 영향을 끼치기도 했다. 원시공

동체에서 '하나의 전체'로서 권력을 가진 존재는 사회 그 자체이며, 사회는 내부에서의 수직적 위계 발생을 방지하기 위해 다양한 기제를 작동시킨다. 이런 원시사회야말로 지배와 착취가 일반화된 동서양의 다른 사회와 달리, 일종의 '완전한 자유'를 성취한 사회로 볼 수 있을지도 모른다. 집단 구성원 사이에 어떠한 사회적 불평등도 존재하지 않으며, 지도자를 향한 다른 공동체 구성원의 완벽한 견제. 바로 이 같은 주장 때문에 클라스트르의 논의는 대안적인 사회상을 찾고자 했던 학자나 사회운동가 들로부터 많은 관심을 받았다. 이렇듯 인류학의 연구 성과는 단순히 독특하고 이국적인 사례 소개에 그치지 않고 우리가 살아가는 세상이 지금과 다를 수도 있음을 보여준다. 이를테면 인류학자 데이비드 그레이버(David Graeber)는 다음과 같이 말했다.

> 인류학이 중요한 것은 단지 통념을 깨뜨려서만이 아니다. 인류학은 우리가 왜 처음부터 정부와 감옥과 경찰을 갖고 있어야 하는지 묻게 한다. 우리는 왜 정부 아래 감옥과 경찰이 있는 세상에서 살며, 감옥과 경찰이 반드시 필요한 것처럼

행동하게 되는가? 우리 사회는 어쩌다 이토록 많은 이기심, 분노, 사회적 무책임, 유아적 행동을 양산하여 체계적 폭력으로 규칙을 지키게 하지 않으면 함께 살아갈 수 없다고 생각하게 되는 지경에 이르렀을까?[7]

현실의 원시사회에 관한 논의와 『빼앗긴 자들』이 그려내는 아나레스의 아나키즘 이야기가 공명하는 지점 역시 여기에 놓여 있다. 두 이야기 모두 국가 없는 사회를 소재로 한 전복적 세계를 그려내어 현실에 안주하지 않는 대안의 상상과 모색에 이바지한다. 특히 국가 체제를 상징하는 우라스를 비판적으로 그려내면서도 유토피아를 표방하는 아나레스에 내재한 모순 또한 놓치지 않는 『빼앗긴 자들』의 균형 잡힌 이야기는 대안 모색에 현실성을 더한다. 르 귄 자신이 다른 에세이[8]에서 직접 강조한 것처럼 앞으로 똑바로 나아가기만 해서는 유토피아에 도달할 수 없다. 차별과 불평등을 양산하는 성장주의 일변의 이데올로기만이 과거를 돌아보지 않고 앞으로 나아가는 건 아니다. 인간의 이성과 의지에 대한 믿음 아래, 진보를 전제하며 미래형으로만 제시된 유토피아 운동 역시 문제의 소지를 안고 있다. 대신 르 권은 자신의 소설이 펼쳐 보인 것처럼 "애매하고 의심스럽 고 신뢰가 가지 않으며 최대한 모호한 방식"[9]의 유토피아를 제안한다. 설령 그것이 유토피아답게 보이지 않을지라도 말 이다.

　　이야기를 마무리하기 위해 다시 클라스트르의 인류 학 민족지로 돌아가보자. 원시사회의 조직 원리가 진화론적 인 발전 도식에서 초기 단계에 놓인 게 아니라, 나름대로 완 성된 체계라는 클라스트르의 주장은 분명 흥미롭다. 하지 만 다른 한편으로, 그의 원시사회 분석이 무언가 결여하고 있다는 인상은 지우기 어렵다. 이를테면 클라스트르의 논의 에서 원시사회의 여성은 거의 다루어지지 않는다. 그는 원 시사회에서의 전쟁을 논하며 전사로서의 숙명으로 인해 '죽 음을 향한 존재'가 될 수밖에 없는 남성과 달리, '생명을 향 한 존재'로서 여성은 출산을 통해 사회적 지배권을 획득하 기 때문에 원시사회에서 남성 지배가 불가능하다는 논의를 펼친다. 하지만 이에 대해서는 더 구체적이고 명확한 논증 이 필요할 것이다. 원시사회를 다룬 많은 인류학 연구에서 여성이라는 존재가 어떤 위치에 놓여 있었는지를 고려한다면 더욱 그러하다.

중부 아프리카 차드의 음붐 크파우(Mbum Kpau) 부족에 대한 민족지 연구[10]는 여성의 재생산 능력과 남녀 간의 성적 불균형 사이의 관계를 보여주는 사례 중 하나다. 이 사회에는 연장자 남성을 중심으로 구성된 종족 조직 간의 복잡한 신붓값(bride wealth)■ 지불 규칙이 있는데, 그 과정에서 여성은 철저히 소외된다. 게다가 특정 음식이 출산에 문제를 초래한다는 강한 믿음 탓에 음식에 관한 엄격한 금기가 여성에게 적용되며 여성을 더욱 낮은 위계로 위치시킨다. 출산하는 몸이 위험을 일으킬 수 있다고 믿는 중앙아메리카 과테말라 지역의 선주민 집단에 관한 연구[11] 역시 여성에게 낮은 지위를 부여하는 문화적 기제를 보여준다. 이처럼 여성이 가진 생물학적 재생산 기능은 남성 지배를 불가능하게 하기는커녕, 오히려 남성에 대한 여성의 종속을 뒷받침하는 요인이 되어왔다. 여성이 출산을 통해 남성 지배를 억제하

■   신랑의 친족 집단이 신부와 신부가 낳을 아이에 대한 권리를 얻기 위해 신부 쪽 집단에 지급하는 돈이나 재화.

는 사회적 지배권을 획득한다는 클라스트르의 주장을 그대로 받아들일 수만은 없는 까닭이다.

『국가에 대항하는 사회』와 『폭력의 고고학』을 읽으며 계속해서 든 생각이 하나 있다. 그가 분석한 원시사회의 평화 버전이 있다면 그건 바로 애니메이션 「개구쟁이 스머프」에 등장하는 스머프 마을이겠다는 거였다. 물론 스머프들은 끊임없이 전쟁을 수행하진 않는다. 그들 집단의 외부에 가가멜이라는 공통의 적이 존재한다는 사실을 무시할 순 없겠지만 말이다.

스머프들이 이룬 사회 역시 정치 권력을 공동체 자체가 갖고 있으며, 파파 스머프라는 지도자도 강제적인 권력의 집행자라기보다 권위를 지닌 존경받는 존재일 뿐이다. 또한 구성원 간에 어떠한 수직적·위계적 분화도 존재하지 않는다. 하지만 이런 스머프 사회에서 '성별'이라는 요소가 특별한 의미를 갖지 않는다는 사실은 어떻게 봐야 할까. 가가멜에 의해 만들어진 유일한 여성 스머프(어린이 스머프인 사세트는 논외로 두자.)인 스머페트 역시 인간 사회에서 여성에 주어지는 재생산 역할을 일체 수행하고 있지 않다. 거의 완벽에 가까운 '국가 없는 사회'인 스머프 마을은 성별에 따라 요구받는 역할이 어떠한 중요도도 갖지 않는 사회인 것이다.

성별이라는 요인을 무시할 수 없는 현실 세계가 스머프 사회와 같지 않다는 사실은 자명하다. 현실 아나키즘 사회의 작동에서 젠더와 섹슈얼리티의 문제는 그만큼 핵심적이라고 봐야 한다. 이와 관련해 그레이버는 클라스트르의 논의를 검토하며 실제로 국가 권력을 경험하지 못한 아마존의 원시사회가 어떻게 국가에 대항하는 사회를 조직할 수 있었느냐는 질문을 던진 뒤 흥미로운 해석을 내놓았다. 그가 제시한 답은 원시사회에서 남성과 여성 간의 비대칭적 관계에 근거한다. 폭력을 등에 업은 독단적이고 무소불위한 권력의 본질을 아마존 사회의 남성들이 아는 까닭은 자신의 아내와 딸에게 직접 그런 종류의 권력을 휘둘러봤기 때문일지도 모른다는 것이다.[12] 그렇기에 원시사회의 구성원들이 자신에게 이런 위해를 가할 힘을 가진 국가라는 체제를 원치 않았으리라는 그레이버의 해석은 의미심장하다.

바로 여기에 『빼앗긴 자들』이 제공하는 사변적 아나키즘 실험과 현실의 인류학 민족지 사례 사이에 놓인 중요한 차이가 있다. 클라스트르의 논의에서 중요하게 등장하지 않았던 여성이 아나레스 사회에서 차지하는 위치와 역할이 바로 그것이다. 아나레스에서는 여성 역시 사회 구성원으로서 남성과 동등하게 맡은 일을 수행하며 척박한 환경 속에 아나키즘 공동체가 생존할 수 있도록 기여한다. 성별과 성적 지향을 근거로 한 차별이 존재하지 않음은 물론이다. 소설이 쓰여진 당시 서구 사회의 변혁적인 분위기 속에서 르 귄이 그려낸 사변적 사고실험이 무엇을 지향하고 있었는지를 잘 보여주는 지점이다. 그리고 이는 백래시가 만연한 2020년대 한국 사회에서 불평등한 현실을 극복하기 위한 대안을 모색하기 위해 놓쳐서는 안 되는 지점이기도 하다. 적어도 성별과 성적 지향 탓에 차별받아서는 안 된다는 당연한 주장이 무슨 위험한 사상처럼 여겨져서는 곤란하지 않겠는가.

불확실성의 세계에서

괴물이자
유령으로
살아가기

『파견자들』과
'인간 너머'의 인류학

개인과 자아에 관해 던지는 의문

2020년대 한국 SF를 대표하는 작가인 김초엽이 발표한 두 편의 장편소설은 공통점을 하나 갖고 있다. 두 작품 모두 인류가 이룩한 현대 문명이 인간에게 익숙한 형태의 동식물이 아닌 미세한 존재에 의해 붕괴된 이후의 세계를 그려낸다. 첫 번째 장편 『지구 끝의 온실』[1]이 나노 입자 '더스트'의 무분별한 확산에 의한 인류 문명의 파괴를 다룬다면, 두 번째 장편 『파견자들』[2]은 지구의 균류(fungi)나 곰팡이를 닮은 '범람체'라는 존재가 지구 표면을 장악한 세계를 묘사한다. 두 편의 이야기는 이미 지구상의 어떤 종과도 대적할 수 없는 절대 우세종의 지위에 오른 인간을 위협할 수 있는 건 육안으로 식별이 어려운 매우 미세한 존재밖에 없다는 사실을 새삼 일깨워준다. 인류 스스로 대량 살상 무기를 활용한 전쟁으로 서로를 절멸시키지 않는 이상, 인간에게 가장 위협적인 요소가 동물과 식물 어느 쪽으로도 분류하기 어려운 초미세 존재라는 사실은 신종 바이러스로 인한 최근의 위기에서 충분히 확인되었다.

　『파견자들』이 그려내는 인류 문명의 붕괴는 우주에서 온 정체불명의 존재인 범람체가 지구상의 생명체를 '범람화'하며 진행된다. 곰팡이를 모티브로 한 범람체는 동물이나 식물과 결합하여 범람화한 동식물로 바꾸어낸다. 지구의 생물종 가운데 최고의 지성을 가졌다고 자부하는 인간에게 범람화의 영향은 특히 치명적이었다. 범람체에 노출된 인간은 뇌가 변이되어 자아를 잃고 이는 광증이 발현되는 양상으로 이어진다. 주변과 타인을 제대로 인식하지 못할뿐더러 결국에는 스스로 죽어버리고 마는 범람화로 인해 대다수 인구를 잃은 인류는 지상에서의 삶을 포기하고 지하에 대피용 도시를 건설해 문명을 근근이 유지하는 정도에 머무른다.

이 같은 설정을 배경으로 작품은 지하 도시에서 태어나 '파견자'가 되기를 꿈꾸며 자란 주인공 태린의 이야기를 다룬다. 파견자들은 범람화한 동식물로 뒤덮인 지상을 탐사하고 범람체의 위협으로부터 지하 도시를 지키는 역할을 한다. 태린은 남들보다 월등히 높은 광증 저항성을 바탕으로 파견자가 되기 위한 훈련을 우수한 성적으로 마친다. 그런데 파견자 선발 시험을 앞둔 어느 날, 태린의 머릿속 어딘가에서 알 수 없는 목소리가 들려오기 시작한다. 계속해서 들려오는 미지의 목소리는 여러 단계에 걸친 선발 시험 과정에서 도움을 주기까지 했다. 목소리에 '쏠'이라는 이름을 붙여주고 대화를 나누는 사이까지 된 태린은 쏠의 도움을 받아 파견자 선발을 위한 최종 테스트에 도전한다. 하지만 마지막 단계에서 태린의 의지를 장악한 쏠은 지하 도시의 안전에 치명적인 위험을 가하는 사고를 일으키고 만다.

이후에 쏠의 정체는 다름 아닌 범람체로 밝혀지고 태린은 자신의 과오를 씻기 위해 소규모 탐사대와 함께 위험한 임무를 배정받아 지상으로 향한다. 범람체에 노출되면

광증이 발현되어 주변을 해치고 자신마저 죽음에 이르고
만 다른 사람들과 달리 태린은 어떻게 범람체와 공존할 수
있었을까? 그리고 모든 것이 범람화한 지상에서 태린을 기
다리고 있는 범람체의 진실은 무엇일까? 작품은 지상으로
나간 태린이 겪는 경험을 서술하며 그 대답을 풀어나간다.

　　　마치 거대한 버섯과도 같은 형상을 지닌 알록달록한
'범람 산호'로 뒤덮인 지상의 폐허에 대한 묘사도 그렇고, 그
자체로 거대한 연결망을 이룬 지상의 범람체에 관한 기술도
그렇고, 작가가 그려내는 인류 문명이 붕괴된 이후의 세계
는 낯설면서도 상당히 매혹적이다. 특히 인상적인 것은 범
람체와 인간의 결합, 즉 범람화에 관한 작중 서술이다. 태린
은 지상 탐사 과정에서 범람체에 노출된 인간이 결국 죽음
에 도달하고 만다는 기존의 지식과 달리, 지상에서는 범람
체와 결합한 인간이 몸 전체가 변이하여 범람화한 생태계
의 일부로 살아간다는 사실을 알게 된다. 물론 범람화된 인
간이 이전처럼 개별적인 개체로 스스로를 인식하며 존재하
는 건 아니었다. 범람체와 결합된 인간은 개개로 온전한 개
체로 살아가는 대신 느슨하게 이어진 전체 범람체 연결망의

일부로 존재했다. 이는 곧 '자아(self)'로 대표되는 인간의 독립적인 개체성에 대한 근본적인 의문으로 이어진다. 작가는 지상의 인간을 범람화해가며 인간의 언어와 사고방식을 습득한 범람체 연결망과 주인공 태린과의 조우를 묘사한 장면에서 이 의문을 직접적으로 서술한다.

> [태린] 나는 이렇게 독립적으로 움직이는 몸을 가졌고, 이 몸은 온전히 나의 자유의지에 의해 움직여. 나는 스스로 생각하고 말하고 움직여. 나는 여러 존재가 아니야. 하나의 몸으로 세상을 주관적으로 감각하는 단 하나의 개체야.
>
> [범람체] 너희는 이미 수많은 개체의 총합. 하나의 개체로는 너희를 설명할 수 없어. 네 안에는 다른 생물들이 잔뜩 살고 있어. [……] 그 존재들은 너와 같이 살 뿐만이 아니라, 너에게 직접적인 영향을 미치고 있어. 의식이야말로 주관적 감각이 만들어낸 환상일 뿐이야.
>
> 혼란스러웠다. 그들이 규정하는 의식과 태린이 규정하는 의식은 너무 달랐다. 태린의 생애에서 '자아'란 흔들린 적 없는 굳건한 개념이었다.[3]

[태린] 우리는 단지 살아 있는 것, 숨을 쉬는 것보다 더 중요한 게 우리에게 있다고 생각해. 어떤 사람은 그걸 영혼이라고 부르고 다른 누군가는 의식이나 자아라고 불러. 어쨌든 우리 인간에게는 하나의 개체로서 세상을 주관적으로 감각하는 것, 세상을 일인칭으로 경험하는 것, 그 자체가 중요해. […]

[범람체] 자아란 착각이야. 주관적 세계가 존재한다는 착각. 너희는 단 한 번의 개체 중심적 삶만을 경험해보아서 그게 유일한 삶의 방식이라고 착각하는 거야. 우리를 봐. 우리는 개체가 아니야. 그럼에도 우리는 생각하고 세상을 감각하고 의식을 느껴. 의식이 단 하나의 구분된 개체에 깃들 이유는 없어.

[……] 태린은 말문이 막혔다. 그들은 자아 감각을 이해하지 못한다.[4]

이 서술은 개별 개체로서의 자아에 대한 의식이 바탕에 깔린 인간과, 뚜렷한 경계 없이 서로 연결된 존재로서 세상을 감지하는 범람체 간의 차이를 극명하게 보여준

다. 흥미롭게도 '인간에 관한 연구'를 표방하는 인류학에서
도 예전부터 인간의 '고유한 개인성'이라는 가정에 의문을
제기하는 민족지 사례가 무수히 보고되어왔다. 문화에 따
라 다르게 나타나는 인간관에 천착해온 인류학이 문화적
측면에서 서구 사회의 '개인' 개념을 비판해왔다면, 근래 들
어 '인간 너머(more-than-human)'의 관점에 주목하여 다양한
비인간(non-human) 존재를 아우르는 연구를 수행하기 시작
한 최근의 인류학은 자연과학 분야의 새로운 발견들을 적
극적으로 수용하며 연구의 지평을 넓히고 있다. 경제 성장
이라는 미명 아래 인류가 초래한 생태계 파괴와 기후 위기
앞에서 인간 이외의 존재와 공존·공생을 모색해야 할 필요
가 대두했고, 인류학 역시 그에 적극적으로 응답하기 시작
한 것이다.

서구의 개인 관념은 보편적인가

'개인'을 가리키는 영어 단어 individual은 '부정'을 뜻하는 접

두사 in-과 '분할 가능함'을 뜻하는 라틴어 어근 dividuus가 합쳐져 생긴 말이다. 어원대로 '더 이상 나누어지지 않는 존재'라는 의미를 지닌 개인에 대한 인식은 근대 서구 철학과 사회이론의 기초가 되어왔다. 사회의 최소 단위로서 개인을 중요시하는 서구 철학의 기조에 대해 인류학은 개인이라는 관념 자체가 근대 서구 사회라는 특정한 사회문화적 조건에서 나온 것으로 본다. 인류학적 관점에서 현대인에게 익숙한 자아 개념과 고유한 개인성이라는 인식은 인류가 공통으로 지닌 보편적인 관념이 아니다. 그와 다른 방식으로 '사람'을 인식하는 부족 집단을 연구한 민족지 사례는 서구의 개인 관념이 보편적이지 않다는 사실을 잘 보여준다.

　　근래 『부분적인 연결』[5]이 번역·출간(원서는 1991년 발간)되며 한국에도 본격적으로 소개되기 시작한 인류학자 메릴린 스트래선(Marilyn Strathern)은 '나누어지는 사람(partible person)' 혹은 '분할 가능한 사람(dividual person)'이라는 개념을 활용해 서구의 개인성에 부여된 신화를 비판한다.[6] 스트래선에 따르면 서구 사회의 이데올로기는 무엇보다 모든 개인이 자신을 '자기'로 만드는 고유한 자아의 핵을 갖고 있다는 생각, 즉 개인주의에 의해 규정된다. 서구 사회에서는 그것이 자아가 되었든 영혼이 되었든, 개별적인 개체가 지닌 고유성이야말로 각각의 개인에게 중요하다고 여긴다. 반면 스트래선이 연구한 멜라네시아 지역 사람들은 각 개인이 고유한 자아를 가졌다고 생각하지 않는다. 대신 이들에게 중요한 건 사람과 사물을 넘나들며 형성되는 '관계'이며, 그 관계는 사람이 '분할된다'는 관념 아래 다층적으로 형성된다.

그런데 사람이 분할될 수 있다는 건 대체 무슨 의미일까? 스트래선은 뉴기니 고산지대의 '모카(Moka)'라는 과시적인 선물교환 의례를 사례로 이를 설명한다. 모카는 '빅맨(Big Man)'이라 불리는 이 지역의 남성 실력자들 사이에서 지위 경쟁을 목적으로 이루어지는 선물교환이다. 모카 의례에서는 성대한 잔치와 함께 화려한 의상을 입은 사람들의 춤과 연설이 이어지며 막대한 양의 음식이 차려진다. 그리고 빅맨들이 전면에 나서 이 지역에서 중요한 재화로 여겨지는 돼지를 선물로 서로 주고받는다. 이때 상대보다 더 많은 선물을 줄수록 주는 사람의 명예와 위세가 올라가며 선물교환은 지위 경쟁의 수단이 된다. 따라서 빅맨은 더 많은 선물용 돼지를 키우기 위해 가족을 동원하여 돼지에게 먹일 농작물 생산과 돼지 사육에 힘을 쏟는다.

사실 돼지 사육을 위한 주요한 가내 노동은 대부분 여성에게 부과된다. 하지만 모카 의례라는 공적인 자리에서 돼지를 교환하고, 그 결과 '이름(명성 혹은 위세)'을 얻을 수 있는 건 남성뿐이다. 남성들 사이에서 벌어지는 극적이고 가시적인 선물교환의 이면에는 눈에 띄지 않지만 반복적이고 일상적인 여성의 노동이 놓여 있다. 이에 대해 모카 의례가 이 지역의 차별적인 성별 분업을 반영하는 동시에, 선물로 교환되는 돼지의 가치가 여성의 노동에서 기원한다는 사실을 지워버린다는 비판이 제기되어왔다.

하지만 스트래선은 이 같은 비판이 서구의 개인 관념에 기반한 표면적인 해석이며, 멜라네시아 일대의 '사람'에 대한 인식을 토대로 보면 반드시 그렇지만은 않다는 주장을 펼친다. 이 지역에서는 개별 개체로서의 개인이란 개념은 없으며, 돼지 사육이라는 노동을 직접 수행한 사람(여성)이 생산물에 대한 권리를 갖는다고 여기지 않는다는 것이다. 즉 개인의 노동과 그에 따른 소유권이라는 관념이 존재하지 않는 사회에서 생산물에 대한 권리는 특정 개인(돼지를 직접 키운 여성이든, 전면에 나서 돼지를 교환하는 남성이든)에게 귀속되지 않는다는 게 스트래선의 분석이다. 이런 관점에서는 화려한 의례에서 돼지를 선물로 교환하며 명성을 누리는 남성이 여성을 지배하며 노동력을 착취한다고 볼 수 없다. 나아가 스트래선은 이 지역의 여성들이 결코 스스로 착취당한다고 생각하지 않는다고 주장한다.

　　　　이러한 스트래선의 분석은 얼핏 매우 반(反)여성주의적으로 보인다. 하지만 1970년대 이래 뉴기니 일대에서 진행해온 민족지 연구와 해당 지역의 여성들에 관한 연구 성과를 토대로 페미니즘 인류학의 대가로 명성을 쌓아온 스트래선을 그렇게 보는 건 오해이다. 스트래선의 논의를 이해하기 위해서는 먼저 뉴기니를 포함한 멜라네시아 지역 일대에서 '사람(person)'이 어떻게 인식되는지 파악해야 한다. 이 지역에서 사람은 우리가 통상적으로 사용하는 인간이나 개인과의 동의어가 아니다. 여기서 '사람'은 사람으로 개념화되고 사람으로 취급될 수 있는 존재 일반을 가리키며, 그 존재는 인간일 수도 인간이 아닐 수도 있다.[7] 순환논리처럼 보이지만 이것이 바로 멜라네시아에서 '사람'을 이해하는 방식이며, 누가 혹은 무엇이 사람인지는 맥락에 따라 달라진다.

여기서 '사람'은 내부 요소가 추출되어 다른 존재(그것이 인간이든 돼지든)로 포함되어 다층적 관계의 형성에 관여하게 된다. 모카 의례에서 교환되는 돼지는, 돼지를 키운 여성과 선물교환에 직접 나서는 남성 사이에 이뤄진 결혼이라는 사회적 관계의 산물로 간주된다. 돼지를 매개로 한 교환은 단순히 '개인으로서의 여성'을 착취해 부를 얻은 '개인으로서의 남성' 사이의 일이 아니다. 돼지를 사육하기 위한 노동 일체를 포함하여 아내와 남편, 그리고 그들이 속한 친족 집단을 구성하는 '사람'으로서의 요소가 뒤섞인 다중적 산물의 교환이다. 그리고 이런 인식과 행위를 가능케 하는 게 바로 사람의 일부가 분할되어 다른 사물이나 사람과 뒤섞일 수 있다는 문화적 관념이라는 것이다. 스트래선의 논의는 사람다움의 개념이 문화적 맥락에 따라 다름을, 특히 근대 서구 철학과 사회이론에서 기본 단위로 여겨지는 '개인'이라는 개념이 모든 사회에 통용될 수 없음을 보여준다.

이 같은 스트래선의 분석을 비롯해 멜라네시아 지역

에서의 '사람'의 다층성과 분할 가능성에 관한 논의들을 더 상세히 다루기에는 지면의 한계가 있다. 여기서는 20세기 후반 이후 이 지역을 배경으로 진행된 일련의 인류학 연구를 사례로 '고유한 개인성'이라는 서구의 관념이 보편적이지 않음을 보여주는 사례 정도로 이해하면 좋을 듯싶다. 이처럼 지금까지 살펴본 인류학적 논의가 개인과 자아라는 관념이 문화에 따라 다양하다는 것을 보여준다면, 더욱 최근의 인류학 연구는 인간 그 자체에 국한되지 않고 여러 생물종을 아우르는 면모를 보인다. 『파견자들』이 제기하는 의문과 직접 맞닿은, 이른바 다종 민족지(multi-species ethnography) 연구가 바로 그 대표적인 예다.

공생과 공존의 포착을 위한 다종 민족지

[범람체] 우리는 인간과 같은 방식으로 세상을 감지하지 않아. 너희는 눈에 의존해. 우리는 표면 진동과 분자의 확산을 통해 세상을 감지해. 너희가 구축한 문명은 우리에게는 인

상적이지 않았어. 그래서 너희가 지성을 지닌 존재라는 걸 알기까지 시간이 걸렸어. 그 사실을 알았을 때는 이미 우리의 잔가지들이 지구 전체로 퍼져나간 이후였어.

[태린] 그러면 왜 지하 도시로는 침입하지 않는 거야? 그게 너희의 마지막 남은 동정심이라고 주장하는 건 아니겠지.

[……]

[범람체] 우리는 본능적으로 우리를 닮은 생물들이 점령한 장소를 피하는 습성이 있어. 지하는 우리가 지구상의 범람체라고 여겼던 생물로 가득했어. 너희가 균류나 곰팡이라고 부르는 것들, 그리고 개미들도. 우린 그것들이 지성 생물이라고 간주했어.[8]

『파견자들』에 서술된 범람체 연결망과 주인공 태린과의 조우는 여러모로 인류학적 상상력을 자극한다. 서로 다른 세계에 속한 두 존재의 만남은 개체 중심적인 자아 혹은 당연시되어온 개인 관념의 보편성에 관한 의문을 불러일으키는 한편, 지표면에서 전방위적으로 확산하며 인류 문명을 무너뜨린 범람체의 관점에서 우리가 살아가는 지구를 다시 보게 만든다. 도나 해러웨이(Donna J. Haraway)는 앞서 살펴본 스트래선의 사유를 "예기치 못한 다른 세계 간의 관계를 다루어 관계를 연구하며 [기존] 관계를 위험에 처하게 하는 지식 실천으로서의 인류학"[9]이라 칭하고, 그런 유의 모험이 가득 찬 작업으로 SF■를 꼽았다. 『파견자들』의 범람체와 인간 사이의 만남은 예기치 못한 다른 세계 사이를 고찰하며 지구상에 존재해온 기존의 인간 중심적인 관계를 다시 생각하게끔 만드는 "지식 실천으로서의 인류학"을 SF라는 형태로 자아내는 셈이다.

우리가 인간 중심적인 관점으로 세상을 바라보듯이, 소설 속 범람체 역시 일종의 '균류 중심적 관점'으로 세상을 이해한다. 인간과는 다른 방식으로 세상을 감지하기에 인간의 문명이 인상적이지 않았던 범람체에게 지구의 지성 생물이라 할 만한 존재는 자신을 닮은 곰팡이였다. 물론 우리

■　여기서 해러웨이가 언급한 SF가 이 책에서 계속 다뤄온 과학소설(science fiction)만을 가리키는 건 아니다. 해러웨이의 SF는 사변적 우화(speculative fabulation), 사변적 페미니즘(speculative feminism), 심지어 실뜨기(string figures)까지도 포함한다. 하지만 약어 SF의 중심에 과학소설이 놓여 있음은 해러웨이의 논의를 따라가다보면 어렵지 않게 알아챌 수 있다.

인간은 곰팡이나 균류로 가득 찬 지하 세계를 대단하게 생각하지 않는다. 인류학자 애나 칭(Anna L. Tsing)은 『세계 끝의 버섯』에서 곰팡이가 수행하는 '세계 건설' 작업이 인정받지 못하는 이유로 인간이 "지하를 모험할 수 없어 지하 도시가 얼마나 대단한 건축물로 이루어졌는지 보지 못하기 때문"[10]이라고 말한다. 『파견자들』의 문장을 빌려오면 인간이 구축한 문명이 곰팡이에게 인상적이지 않은 것처럼, 곰팡이가 구축한 세계 역시 인간에게 인상적일 수 없는 것이다. 칭의 설명처럼 삶을 개별적인 생물종을 재생산하며 환경의 도전에 홀로 맞서는 행위로 파악하는 단독 개체로서의 인간[11]과 "하나의 개체가 어디에서 시작되어 어디서 끝나는지, 그 질문을 던지는 것조차 혼란스럽게 만드는 이상한 존재"[12]인 곰팡이는 애초부터 너무나도 다를 수밖에 없다.

하지만 인간과 곰팡이는 생각보다 훨씬 더 밀접한 관계를 맺으며 함께 살아간다. 멀리 갈 필요 없이 냉장고에 음식물을 지나치게 오래 보관하는 바람에 잔뜩 핀 곰팡이를 목격한 경험이 있다면 누구나 공감할 터이다. 최초의 항생제인 페니실린의 원료가 푸른곰팡이라는 사실이나, 치즈나

누룩 같은 발효식품에서의 역할 등 곰팡이의 긍정적인 기여를 따져보면 인간이 곰팡이와 공존을 넘어 공생하고 있다는 점을 쉽게 깨달을 수 있다. 이렇게 다른 생물종과의 공존 혹은 공생에 주목하는 인류학의 패러다임이 바로 다종 민족지 연구이다. 다종 민족지는 인간과 비인간 종을 아우르는 여러 생명체의 역할에 주목하여 이들이 함께 엮어내는 현장에 주목하는 접근법이다. 이를테면 다종 민족지 연구는 인간의 신체가 장내 미생물 등 인간이 아닌 다른 존재와 복합적으로 결합한 구성물이라는 사실을 환기하며 기존의 인간 주체 개념에 이의를 제기한다.[13] 이는 물론 『파견자들』에서 태린을 만난 범람체가 태린에게 상기시켜주는 사실이기도 하다.

    인류학자 칭은 다종 민족지 접근법을 잘 보여주는 한 논문[14]에서 다른 종과의 상호의존관계를 바탕으로 인간의 문화가 발전해왔다는 사실을 강조하며 역사 연구에 '반려종(companion species)'의 관점을 도입한다. 반려종은 「반려종 선언」[15]에서 해러웨이가 제안한 개념으로, 흔히 반려동물로 불리는 개나 고양이뿐만 아니라 자연의 일원인 인간의 삶에 관여하는 다종다양한 생명체를 아우르는 존재를 가리킨다. 특히 칭은 농업의 발달과 그로 인한 정치적 변화로 인해 버섯과 곰팡이를 포함한 균류가 수행한 역할의 역사성에 주목하여 균류를 인간의 반려종으로까지 볼 수 있는지를 살핀다.

　　나아가 칭은 후속작 『세계 끝의 버섯』에서 송이버섯을 주인공 삼아 생물종을 넘나드는 '오염'이 낳는 다양성과 불확정성이 또 다른 삶의 가능성을 만들어내는 토대임을 보여준다. 수익 극대화를 목표로 무분별하게 벌채된 숲은 인간의 개입에 의해 인위적으로 교란된 폐허에 다름 아니다. 그런데 이처럼 인간이 개입하여 변화한 숲은 바로 송이버섯의 생장에 적합한 환경이 된다. 한편으로 미국 북서부의 송이버섯 산지에서 주로 채취를 담당하는 건 20세기 중반 전쟁 난민이 되어 베트남과 라오스 등지에서 미국에 온 가난한 사람들이다. 송이버섯은 인간에 의해 손상된 숲에서 자라나며, 그렇게 자란 송이버섯은 자본주의의 거센 소용돌이 바깥에서 살아가는 인간 채집자의 삶이 지속되도록 한다. 이렇듯 어떤 생물종이든 살아가기 위해서는 의도했건 의도치 않았건 간에 적합한 협력이 필요하다고 이 책은 주장한다.[16] 협력은 차이의 수용을 뜻하며 그 협력은 곧 오염으로 이어진다. 물론 이때의 오염은 통상적인 의미의 오염이 아니라, 자연에서 협력과 생존의 배경에 '오염된 다양성'이 놓여 있다는 걸 가리킨다. 생물종 간의 협력, 즉 공생은 개별 개체라는 순수한 형태를 유지하는 게 아니라 서로가 뒤섞인 오염 상태로 과감히 접어들어야만 가능해진다.

『세계 끝의 버섯』을 출간(원서는 2015년 발간)하고 2년 뒤 칭은 『손상된 행성에서 살아가는 기술(Arts of Living on a Damaged Planet)』[17]이라는 책에 엮은이로 참여한다. 인류학과 예술을 비롯한 다양한 분야의 동료 연구자들이 함께 참여한 이 책 역시 다종 민족지 접근법 아래 '유령(ghost)'과 '괴물(monster)'이라는 은유를 활용해 우리가 살아가는 지구를 진단한다. 극심한 환경 파괴와 기후 위기라는 현재의 조건에서 자연은 인간이 지금까지 겪어보지 못한 불확실성을 선사한다. 인간이 스스로 만들어낸 불확실한 세상에서 유령과 괴물은 우리의 현재를 조망하고 앞으로 나아갈 길을 모색하게끔 도와주는 은유이다. 여기서 유령은 인간과 비인간 존재가 어우러진 복합적인 과거가 현재에 드리운 그림자를 가리키며, 괴물은 다종의 생명체가 복잡하게 얽혀 있는 공생 관계를 뜻한다. 서로 다른 신체와 서로 다른 시간대가 얽히고설킨 삶의 풍경을 그대로 담아내는 괴물과 유령의 이야기는 서로 떼어낼 수 없는 은유이기도 하다.

『파견자들』을 읽으며 범람체와 결합한 '오염된 혼합체'로서의 주인공 태린을 보며 '괴물'이자 '유령'의 면모를 함께 떠올렸다. 작품의 결말에 이르러 인간과 범람체가 공존하는 삶의 방식을 새롭게 모색하는 일은 태린을 비롯한 혼합체의 몫이 된다. 어찌 보면 인류 앞에 놓인 과제 역시 크게 다르지 않다. 2020년대의 인류는 자연을 마르지 않는 자원의 공급처로 여기며 살아온 기존 삶의 방식이 더 이상 통용되기 어려운 현실을 마주하고 있다. 이전과는 완전히 다른, 손상된 지구에 적합한 새로운 삶의 방식을 모색하는 것역시 지금의 우리에게는 낯선, 괴물이자 유령의 몫이 아닐까. 우리에게 필요한 건 '유령'으로 드리운 과거를 충분히 이해하면서, '괴물'로서의 현재에 등을 돌리지 않는 그런 삶의 태도다.

또 다른 세계는 시급히 필요할 뿐만 아니라 가능하다. 그러
나 우리가 절망과 냉소주의 혹은 [과도한] 낙관주의에, 그리고
진보의 믿음/불신 담론에 현혹된다면 가능하지 않다.[1]

SF는 아니지만, 2024년 초 출간된 재일조선인 학자 서경식
의 유작 『나의 미국 인문 기행』[2]을 읽으며 깊이 감동한 적
이 있다. 그에 따르면 근래 들어 전 세계적으로 냉소주의와
불관용의 정신이 만연해지면서 다시금 파시즘이 대두하고,
세계 각지에서 일어나는 전쟁과 학살, 인권 침해를 '진부한
일'로 여기는 분위기가 팽배해 있다. 인상적인 건 그의 지적
이 단순히 지금의 현실을 향한 비판에 그치지 않는다는 사

실, 그러니까 비판을 위한 비판이라는 또 다른 형태의 냉소에 머무르지 않는다는 점이다. 그의 표현대로 "냉소주의가 승전가를 부르며 '죽음의 무도'를 추고 있"는[3] 지금도 누군가는 끊임없이 문제를 제기하고 상황을 개선하기 위해 노력한다. 그 누군가가 승리를 약속받았기에 싸우는 건 아니다. "넘쳐나는 불의가 승리하기 때문에 정의에 대해 되묻고, 허위가 뒤덮고 있기에 진실을 위해"[4] 싸운다. 이처럼 갈수록 진부한 일로 용인되어가는 불의와 부정을 향해 뭐라도 하고자 하는 사람들 덕분에 세상은 조금이나마 변화해나간다.

에필로그의 첫머리에 인용한 해러웨이 역시 지구의 생태 환경을 지속적으로 파괴해온 자본주의에 문제를 제기하며 세계에 팽배한 냉소주의와 절망에 대해 비판한다. 해러웨이는 역사가 필리프 피냐르(Philippe Pignarre)와 철학자 이자벨 스탕제르(Isabelle Stengers)의 표현을 빌려 말한다. 지금까지 그토록 많은 비판이 제기되었음에도 우리가 자본주의를 계속 묵인한다는 건, 자본주의에 대한 비판이 특별히 효과가 없었거나 자본주의가 오래전 지구에서 사라졌기 때문이라는 거다.[5] 후자일 리는 만무하니 그 답은 전자에서 찾아야 할 터이다. 해러웨이의 주장은 자본주의를 중심에 두고 우리가 살아가는 세상을 인식해 비판하는 기존의 관점과 접근법으로는 한계가 분명하다는 것이다. 결국 필요한 건 지금까지와는 완전히 다른 형태의 상상력과 그를 바탕으로 한 대안 모색이다. 이 같은 맥락에서 상상과 현실의 경계를 넘나들며 새로운 가능성의 출발 지점을 탐색해본 것이 바로 이 책에 담긴 이야기들이다.

어쩌면 이 책에서 제기한 논점들이 보기에 따라서는 진부해 보일지도 모르겠다. 각각의 이야기가 담은 메시지가 그저 '착하기만 한', 당위적 주장 아니냐고 볼 수도 있을 것이다. 혹시 그렇게 보인다면 그것 역시 글의 의도라고 답하고 싶다. 내가 생각하는 대안적 상상의 출발점은 그런 이야기들이기 때문이다. 우리에게 필요한 건 우리를 옭아매고, 불평등의 경계로 우리를 나누고, 성장이라는 이름 아래 환경을 파괴하는 기존 시스템에 대한 비판을 넘어 지금과는 다른 형태의 삶도 가능하다는 상상이다. 그리고 이 책에서는 그 상상을 위한 원천을 인류학과 SF에서 찾고자 했다. 설령 그것이 진부하게 보이더라도, 세상은 더 많은 '착한 이야기'를 필요로 한다.

　여기에 하나 덧붙이자면, 이 같은 착한 이야기의 모색에서 놓쳐서는 안 되는 지점이다. 인류학의 지혜를 빌려 대안적인 삶의 방식을 모색하는 최근의 저작들이 그렇듯이, 이 책도 인류학이 연구 대상으로 삼아온 비서구 부족사회의 사례를 다수 활용한다. 그런데 인류학 연구사례에 등장하는 부족사회 중 많은 집단이 자본주의의 공격적 확장과 기후 위기가 초래한 문제에 직격탄을 맞고 있다. 이를테면 해러웨이의 저작에서도 주요 사례로 등장하는 북아메리카 선주민인 나바호 네이션(Navajo Nation)의 실업률은 45퍼센트에 이르고, 또 다른 선주민 집단인 호피족은 미국에서 가장 가난한 집단에 속한다.[6] 이들이 직면한 열악한 현실은 단순히 인간의 문화적 다양성을 설명하는 사례로만 이들 부족사회의 이야기를 다룰 수 없게끔 만든다.

　또 하나, 생태·환경 문제의 해결을 위해 강조되는 다종다양한 비인간 존재와의 '관계맺기'에 관한 주목 역시 마찬가지다. 인류학자 조문영의 지적처럼, 포스트휴먼과 다종(multi-species)에 관한 들뜬 관심이 자본주의나 권력, 불평등과 씨름해온 기존의 비판 연구를 건너뛰고 식민·냉전·발전주의의 역사적 유산과 정치경제적 힘이 누적되어 만들어내는 효과를 무시하는 결과로 이어져서는 안 된다.[7] 다양한 비인간 존재를 향해 열린 마음을 갖는 게 우리 주변의 다른 인간 집단이 맞닥뜨린 고통을 직시하는 것보다 더 편하게 윤리적 태도를 취할 수 있는, '선택'의 문제가 되어서는 곤란하다. 인간의 활동이 지구 환경을 근본적으로 변화시켜나가는 이른바 '인류세(人類世, Anthropocene)'의 위기를 헤쳐나가기 위해 "관계하는 타자의 수를 단순히 늘리는 게 해법은 아닐 것"[8]이기 때문이다.

물론 관련 주제를 연구 중인 인류학자들이 이런 문제를 도외시하고 있지는 않다. 인류학이라는 학문이 출발한 시기부터 인류학의 신조 중 하나였던 '총체적 접근'은 생태·환경 문제나 비인간 존재의 연구에서도 마찬가지로 적용되어왔다. 한국의 인류학자들 역시 정치적·경제적·역사적 맥락을 충분히 고려하며 인간과 인간 너머 존재가 서로 뒤얽히는 현실에 관한 현장연구를 진행해오고 있다. 이와 관련해 역사가 디페시 차크라바르티(Dipesh Chakrabarty)는 자본주의적 전지구화와 인류세, 기후 변화를 둘러싼 쟁점들은 우리가 채택한 정치 제도와 상상력에 도전하는 문제라고 강조한다.[9] 이처럼 우리 앞에 놓인 문제들은 현실과 상상의 복잡하고 복합적인 뒤얽힘을 배경에 두고 있다. 이 같은 뒤얽힘을 풀어나가는 길에 논픽션(인류학 연구사례)과 픽션(SF)을 가로지르며 이 책에서 다룬 논점들이 조금이나마 길잡이가 되면 좋겠다는 생각이 든다.

　　마지막으로 하나 더, 이 책을 집필하면서 개인적으로 아쉬웠던 지점을 밝히고자 한다. 2020년대는 한국인 작가가 한국을 배경으로, 한국어와 한국인의 이름을 사용해 상상과 사변의 나래를 펼치는 SF가 광범위한 독자층의 관심과 사랑을 받고 있다는 점에서 '한국 SF의 르네상스'라 불리기에 충분하다. 이렇듯 한국 SF가 양적인 측면과 질적인 측면 모두 비약적으로 성장한 지금, SF를 통한 문학적 재현과 한국 사회의 현실 간의 상호 관계를 보다 세밀하게 검토할 필요가 있다. 한국문학 연구자 서승희의 지적처럼 포스트휴먼을 비롯한 한국 SF의 문학적 상상력은 한국 사회의 현실 및 향후 과제와 밀접한 관련을 맺고 있기 때문이다.[10] 그렇기에 한국에서 활동하며 한국을 연구 대상으로 삼아온 인류학자로서 한국 사회를 배경으로 다룬 국내 SF 작품을 더 많이 다루지 못한 점은 더더욱 아쉬움으로 남는다. 혹시라도 다음에 다시 기회가 주어진다면, '인류학과 SF의 다시 읽기/쓰기'라는 이 책의 작업을 온전히 한국의 SF와 한국의 인류학 연구사례만을 대상으로 해보고 싶다는 생각이 든다. 떠올리는 것만으로도 짜릿한 기분이다.

저자들을 대표하여

정헌목

주

프롤로그   인류학과 SF를 함께 읽기

1. 조애나 러스(나현영 옮김), 2020, 『SF는 어떻게 여자들의 놀이터가 되었나』, 포도밭출판사, 53~54쪽 참조.

2. 위의 책, 54쪽.

3. 김초엽, 2022, 『책과 우연들』, 열림원, 176쪽.

4. 한국문화인류학회 엮음, 2006, 『낯선 곳에서 나를 만나다』, 일조각.

인식   우리는 타자를 어디까지 이해할 수 있는가
    —『솔라리스』와 타자에 관한 인류학

1. 스타니스와프 렘(최성은 옮김), 2022, 『솔라리스』, 민음사.

2. 위의 책, 225~226쪽.

3. 마크 피셔(안현주 옮김), 2019, 『기이한 것과 으스스한 것』, 구픽, 184쪽 참조.

4. 어슐러 K. 르 귄(이수현 옮김), 2021, 『찾을 수 있다면 어떻게든 읽을 겁니다: 삶과 책에 대한 사색』, 황금가지, 238쪽.

5. Jameson, Fredric, 2005, *Archaeologies of the Future: The Desire Called Utopia and Other Science Fictions*, Verso, p.111.

6. 클로드 레비스트로스(박옥줄 옮김), 1998, 『슬픈 열대』, 한길사, 193~194쪽.

7. 에두아르두 비베이루스 지 카스트루(박이대승·박수경 옮김), 2018, 『식인의 형이상학: 탈구조적 인류학의 흐름들』, 후마니타스, 34쪽.

8. 에두아르두 비베이루스 지 카스트루(존재론의 자루 옮김), 2022, 『인디오의 변덕스러운 혼: 16세기 브라질에서 가톨릭과 식인의 만남』, 포도밭출판사, 188쪽.

9. 클로드 레비스트로스, 앞의 책, 196쪽.

10. 마르셀 에나프(김혁 옮김), 2018, 『진리의 가격: 증여와 계약의 계보학, 진리와 돈의 인류학』, 눌민, 211쪽.

11. 위의 책, 214쪽.

12. 마르셀 모스(이상률 옮김), 2002, 『증여론』, 한길사.

13. 스타니스와프 렘, 앞의 책, 419 & 422쪽.

14. 마크 피셔, 앞의 책, 186쪽 참조.

15. 이승철, 2019, 「불가능한 증여, 기생의 사회: 자크 데리다와 미셸 세르의 상호성 비판」, 《비교문화연구》 제25집 2호.

16. 존재론의 자루, 2022,「옮긴이 후기: 아마존에서 퍼 올린 21세기의 인간학」, 에두아르두 비베이루스 지 카스트루(존재론의 자루 옮김), 앞의 책, 231쪽 참조.

의문	돌아와야 할 순례자가 돌아오지 않는다면
	—「순례자들은 왜 돌아오지 않는가」와 통과의례

1. 김초엽, 2019,『우리가 빛의 속도로 갈 수 없다면』, 허블.

2. 빅터 터너(박근원 옮김), 2005,『의례의 과정』, 한국심리치료연구소.

3. 빅터 터너(강대훈 옮김), 2018,『인간 사회와 상징 행위: 사회적 드라마, 구조, 커뮤니타스』, 황소걸음.

4. 빅터 터너(장용규 옮김), 2020,『상징의 숲』, 지만지.

5. 빅터 터너(강대훈 옮김),「사회과정으로서 순례」, 앞의 책, 215~294쪽.

6. van Gennep, Arnold, 1960, *The Rites of Passage*, University of Chicago Press.

7. 빅터 터너(박근원 옮김), 앞의 책, 270쪽.

8. 김초엽, 앞의 책, 48~49쪽.

9. 어슐러 K. 르 귄 (최용준 옮김), 2014,「오멜라스를 떠나는 사람들」, 『바람의 열두 방향』, 시공사, 451~467쪽.

10. 곽재식·구한나리·김주영·김초엽·이산화, 2019,『토피아 단편선 1: 전쟁은 끝났어요』, 요다.

11. 위의 책, 246쪽.

전환	남자도 아이를 낳게 된다면
	—「블러드 차일드」와 생물학적 재생산의 인류학

1. 옥타비아 버틀러(이수현 옮김), 2016, 「블러드차일드」,
   『블러드차일드』, 비채, 15~56쪽.

2. 옥타비아 버틀러(이수현 옮김), 2016, 「블러드차일드: 작가 후기」, 위의
   책, 54쪽.

3. 전혜진, 2019, 『280일: 누가 임신을 아름답다 했던가』, 구픽.

4. 김은실, 2001, 『여성의 몸, 몸의 문화정치학』, 또하나의문화, 288쪽.

5. Martin, Emily, 1991, "The Egg and Sperm: How Science Has Constructed
   a Romance Based on Stereotypical Male-Female Roles," *Signs* Vol.16, No.3,
   pp.485~501.

6. 임소연, 2022, 『신비롭지 않은 여자들』, 민음사, 7~9쪽 참조.

7. 김은실, 앞의 책, 295쪽.

8. 강지연, 2012, 「불임 클리닉의 '자연임신': 자연의 경계를 재구성하는
   생의학의 수사」, 《비교문화연구》 제18집 2호.

9. 위의 글, 89쪽.

10. 옥타비아 버틀러, 앞의 책, 28~29쪽.

11. 위의 책, 34쪽.

12. 옥타비아 버틀러, 2016, 「블러드차일드: 작가 후기」, 위의 책, 54~55쪽.

13. 옥타비아 버틀러, 앞의 책, 51~52쪽.

14. 임소연, 앞의 책, 72쪽.

303 주

가상 민족지 ① 인류학 민족지로 다시 써보는 『시녀 이야기』

1. 마거릿 애트우드(김선형 옮김), 2018, 『시녀 이야기』, 황금가지.

인지 당신이 익힌 언어가 세상을 보는 방식을 형성한다면
—「네 인생의 이야기」와 사피어-워프 가설

1. 테드 창(김상훈 옮김), 2016(초판 2004), 「네 인생의 이야기」, 『당신
   인생의 이야기』, 엘리, 149~230쪽.
2. 위의 책, 152쪽.
3. 위의 책, 203~204쪽.
4. 강윤희, 2018, 「언어, 문화, 사회적 상호작용」, 권숙인 외 엮음,
   『현대문화인류학: 인간과 문화에 대한 열일곱 가지 주제들』,
   형설출판사, 195쪽.
5. 제리 무어(김우영 옮김), 2002, 『인류학의 거장들: 인물로 읽는
   인류학의 역사와 이론』, 한길사, 138쪽.
6. Whorf, Benjamin Lee, 1953, "Linguistic Factors in the Terminology of
   Hopi Architecture", *International Journal of American Linguistics* Vol.19, No.2,
   pp.141~145.
7. 제리 무어(김우영 옮김), 앞의 책, 151쪽.
8. Whorf, 앞의 글, 141쪽.
9. 강윤희, 앞의 글, 196쪽.

10. Whorf, Benjamin Lee, 1944, "The Relation of Habitual Thought and Behavior to Language", *ETC: A Review of General Semantics* Vol.1, No.4, pp.197~215.

11. 테드 창(김상훈 옮김), 2019, 『숨』, 엘리.

12. 테드 창(김상훈 옮김), 2019, 「우리가 해야 할 일」, 『숨』, 엘리, 95쪽.

13. 테드 창(김상훈 옮김), 2016, 「네 인생의 이야기」, 『당신 인생의 이야기』, 엘리, 210쪽.

상상	성별을 제거한 사고실험에서 우리가 알게 되는 것 —『어둠의 왼손』과 젠더 인류학

1. 어슐러 K. 르 귄(최용준 옮김), 2014, 『어둠의 왼손』, 시공사.

2. 위의 책, 138~140쪽. 일부 번역은 필자 수정.

3. 어슐러 K. 르 귄(이수현 옮김), 2021, 「젠더(성별)가 필요한가? 다시 쓰기」, 『세상 끝에서 춤추다: 언어, 여자, 장소에 대한 사색』, 황금가지, 22~38쪽.

4. 위의 책, 27쪽.

5. 김현미, 2018, 「젠더와 문화」, 권숙인 외 엮음, 『현대문화인류학: 인간과 문화에 대한 열일곱 가지 주제들』, 형설출판사, 236쪽.

6. Mead, Margaret, 2001[1935], *Sex and Temperament in Three Primitive Societies*, Harper Collins.

7. 위의 책, 262쪽.

8. 위의 책, xxvi쪽.

9. 조한혜정, 2003, 「여성성과 남성성」, 한국문화인류학회 엮음, 『처음 만나는 문화인류학』, 일조각, 80쪽.

10. 위의 책, 80쪽.

11. 미셸 짐발리스트 로잘도·루이스 램피어 엮음(권숙인·김현미 옮김), 2008, 『여성·문화·사회』, 한길사.

12. 셰리 오트너, 2008, 「여성은 자연, 남성은 문화?」, 위의 책, 129~157쪽.

13. 김현미, 2018, 「젠더와 문화」, 권숙인 외 엮음, 앞의 책, 243~244쪽 참조.

14. 어슐러 K. 르 귄(이수현 옮김), 앞의 책, 30쪽.

15. 위의 책, 35쪽.

16. 《SBS 뉴스》 2022년 4월 24일, 「They가 3인칭 단수 대명사로 쓰인다는 사실, 알고 있나요?」.

17. 어슐러 K. 르 귄(이수현 옮김), 앞의 책, 36~37쪽.

18. 어슐러 K. 르 귄(최용준 옮김), 앞의 책, 13쪽.

19. 어슐러 K. 르 귄(최준영 옮김), 2011, 『라비니아』, 황금가지. 참고로 원작은 2008년에 출간되었다.

20. 위의 책, 283쪽.

연대	차가운 마천루 속의 따뜻한 시선과 날카로운 현실 풍자
	―『타워』와 도시인류학

1. 배명훈, 2020(초판 2009),『타워』, 문학과지성사.

2. 위의 책, 52쪽.

3. Encyclopedia Britannica, "Tallest buildings in the world", 2024년 4월 14일 접속, https://www.britannica.com/topic/tallest-buildings-in-the-world-2226971.

4. 리브커 야퍼·아나욱 더코닝(박지환·정헌목 옮김), 2020, 『도시인류학: 우리가 사는 세상을 해석하는 방법』, 일조각, 221쪽.

5. Bayat, Asef, 2012, "Politics in the city-inside-out", *City & Society* Vol.24, No.2, p.111.

6. 리브커 야퍼·아나욱 더코닝(박지환·정헌목 옮김), 앞의 책, 257쪽.

7. Marshall, Thomas H., 1950, *Citizenship and Social Class and Other Essays*, Cambridge University Press.

8. Holston, James & Arjun Appadurai, 1999, "Cities and Citizenship", in James Holston (ed.), *Cities and Citizenship*, pp.2~18, Duke University Press.

9. Zhang, Li, 2002, "Spatiality and Urban Citizenship in Late Socialist China", *Public Culture* Vol.14, No.2, pp.311~334.

10. 배명훈, 앞의 책, 97~98쪽.

11. 위의 책, 120~122쪽.

12. 위의 책, 222쪽.

가상 민족지 ③ 『킨』의 주인공이 민족지를 쓴다면

1. 옥타비아 버틀러(이수현 옮김), 2016, 『킨』, 비채.

2. 박상준, 2016, 「작가 해설: 어느 누구와도 달랐던 독보적인 SF작가—옥타비아 버틀러에 대한 비망록」, 옥타비아 버틀러(이수현 옮김), 위의 책, 518쪽.

3. 마르크 오제(이상길·이윤영 옮김), 2017, 『비장소: 초근대성의 인류학 입문』, 아카넷, 54쪽 옮긴이 주 25번.

4. 이상길, 2017, 「옮긴이 해제: 따로 또 같이, 비장소에서 살아가기」, 위의 책, 198쪽 참조.

5. 얀 반시나, 2010, 「기억과 구전」, 윤택림 편역, 『구술사, 기억으로 쓰는 역사』, 아르케, 60~62쪽 참조.

모색 사변적 아나키즘 실험과 현실의 국가 없는 사회
          —『빼앗긴 자들』과 아나키스트 인류학

1. 어슐러 K. 르 귄(이수현 옮김), 2002, 『빼앗긴 자들』, 황금가지.

2. 위의 책, 114쪽.

3. 위의 책, 190쪽.

4. 피에르 클라스트르(홍성흡 옮김), 2005, 『국가에 대항하는 사회: 정치인류학 논고』, 이학사.

5. 피에르 클라스트르(변지현·이종영 옮김), 2021(초판 2002), 『폭력의

고고학: 정치인류학 연구』, 울력.

6. 위의 책, 194쪽.

7. 데이비드 그레이버(나현영 옮김), 2016, 『아나키스트 인류학의
조각들』, 포도밭출판사, 13쪽.

8. 어슐러 K. 르 귄(이수현 옮김), 2021, 「캘리포니아를 차가운 곳으로
보는 비유클리드적 관점」, 『세상 끝에서 춤추다: 언어, 여자, 장소에
대한 사색』, 황금가지, 145~182쪽.

9. 위의 책, 161쪽.

10. 브리짓 오로린, 2008, 「모순의 중재: 음붐 여성이 닭고기를
먹지 않는 이유는?」, 미셸 짐발리스트 로잘도·루이스 램피어
엮음(권숙인·김현미 옮김), 『여성·문화·사회』, 한길사, 461~484쪽.

11. 로이스 폴, 2008, 「과테말라 마을에서의 일의 숙련과 성의 신비」, 미셸
짐발리스트 로잘도·루이스 램피어 엮음(권숙인·김현미 옮김), 위의
책, 435~460쪽.

12. 데이비드 그레이버, 앞의 책, 68쪽.

공생 불확실성의 세계에서 괴물이자 유령으로 살아가기
—『파견자들』과 '인간 너머'의 인류학

1. 김초엽, 2021, 『지구 끝의 온실』, 자이언트북스.

2. 김초엽, 2023, 『파견자들』, 퍼블리온.

3. 위의 책, 182~183쪽.

4. 위의 책, 240~241쪽.

5. 메릴린 스트래선(차은정 옮김), 2019, 『부분적인 연결: 문명 너머의 사고를 찾아서』, 오월의봄.

6. 이하 내용은 스트래선의 『증여의 젠더(The Gender of the Gift)』(1988, University of California Press)와 인류학자 데이비드 그레이버의 『가치이론에 대한 인류학적 접근』(서정은 옮김, 2009, 그린비)을 참고하여 정리했음을 밝혀둔다.

7. 크리스 파울러(우정연 옮김), 2018, 『고고학과 인류학을 통해 본 사람다움』, 서경문화사, 18쪽 참조.

8. 김초엽, 2023, 앞의 책, 239쪽.

9. 도나 해러웨이(최유미 옮김), 2021, 『트러블과 함께하기: 자식이 아니라 친척을 만들자』, 마농지, 27쪽. 일부 번역 수정.

10. 애나 로웬하웁트 칭(노고운 옮김), 2023, 『세계 끝의 버섯: 자본주의의 폐허에서 삶의 가능성에 대하여』, 현실문화, 255쪽.

11. 위의 책, 255쪽.

12. 김초엽, 2023, 「작가의 말」, 앞의 책, 429쪽.

13. 황희선, 2021, 「다종민족지: 환경 파국 시대의 생물문화적 희망한 민족지적 연구」, 《한국문화인류학》 제54권 1호, 367쪽 참조.

14. Tsing, Anna Lowenhaupt, 2012, "Unruly Edges: Mushrooms as Companion Species", *Environmental Humanities* Vol.1, No.1, pp.141~154, 황희선, 앞의 글, 374~375쪽에서 재인용.

15. 도나 해러웨이(황희선 옮김), 2019, 『해러웨이 선언문: 인간과 동물과 사이보그에 관한 전복적 사유』, 책세상.

16. 애나 로웬하웁트 칭, 앞의 책, 64쪽.

17. Tsing, Anna Lowenhaupt & Heather Swanson & Elaine Gan & Nils Bubandt (eds.), 2017, *Arts of Living on a Damaged Planet*, University of Minnesota Press.

에필로그　세상은 더 많은 '착한 이야기'를 필요로 한다

1. 도나 해러웨이(최유미 옮김), 2021, 『트러블과 함께하기: 자식이 아니라 친척을 만들자』, 마농지, 93쪽.

2. 서경식(최재혁 옮김), 2024, 『나의 미국 인문 기행』, 반비.

3. 위의 책, 259쪽.

4. 위의 책, 233쪽.

5. 도나 해러웨이(최유미 옮김), 앞의 책, 92쪽.

6. 위의 책, 132쪽.

7. 조문영, 2022, 『빈곤 과정: 빈곤의 배치와 취약한 삶들의 인류학』, 글항아리, 390~391쪽 참조.

8. 위의 책, 391쪽.

9. 디페시 차크라바르티(이신철 옮김), 2023, 『행성 시대 역사의 기후』, 에코리브르, 26~27쪽 참조.

10. 서승희, 2019, 「포스트휴먼 시대의 여성, 과학, 서사: 한국 여성 사이언스픽션의 포스트휴먼 표상 분석」, 《현대문학이론연구》 77권, 148쪽.

참고 문헌

한국어 논문 및 단행본

강윤희, 2018, 「언어, 문화, 사회적 상호작용」, 권숙인 외 엮음, 『현대문화인류학: 인간과 문화에 대한 열일곱 가지 주제들』, 형설출판사, 192~211쪽.

강지연, 2012, 「불임 클리닉의 '자연임신': 자연의 경계를 재구성하는 생의학의 수사」, 《비교문화연구》 제18집 2호, 53~95쪽.

곽재식·구한나리·김주영·김초엽·이산화, 2019, 『토피아 단편선 1: 전쟁은 끝 났어요』, 요다.

김은실, 2001, 『여성의 몸, 몸의 문화정치학』, 또하나의문화.

김초엽, 2019, 『우리가 빛의 속도로 갈 수 없다면』, 허블.

김초엽, 2021, 『지구 끝의 온실』, 자이언트북스.

김초엽, 2022, 『책과 우연들』, 열림원.

김초엽, 2023, 『파견자들』, 퍼블리온.

김현미, 2018, 「젠더와 문화」, 권숙인 외 엮음, 『현대문화인류학: 인간과 문화에 대한 열일곱 가지 주제들』, 형설출판사, 236~258쪽.

데이비드 그레이버(나현영 옮김), 2016, 『아나키스트 인류학의 조각들』, 포도밭 출판사.

데이비드 그레이버(서정은 옮김), 2009, 『가치이론에 대한 인류학적 접근: 교환과 가치, 사회의 재구성』, 그린비.

도나 해러웨이(황희선 옮김), 2019, 『해러웨이 선언문: 인간과 동물과 사이보그에 관한 전복적 사유』, 책세상.

도나 해러웨이(최유미 옮김), 2021, 『트러블과 함께하기: 자식이 아니라 친척을 만들자』, 마농지.

디페시 차크라바르티(이신철 옮김), 2023, 『행성 시대 역사의 기후』, 에코리브르.

로이스 폴, 2008, 「과테말라 마을에서의 일의 숙련과 성의 신비」, 미셸 짐발리스트 로잘도·루이스 램피어 엮음(권숙인·김현미 옮김), 『여성·문화·사회』, 435~460쪽.

리브커 야퍼·아나욱 더코닝(박지환·정헌목 옮김), 2020, 『도시인류학: 우리가 사는 세상을 해석하는 방법』, 일조각.

마거릿 애트우드(김선형 옮김), 2018, 『시녀 이야기』, 황금가지.

마르셀 모스(이상률 옮김), 2002, 『증여론』, 한길사.

마르셀 에나프(김혁 옮김), 2018, 『진리의 가격: 증여와 계약의 계보학, 진리와 돈의 인류학』, 눌민.

마르크 오제(이상길·이윤영 옮김), 2017, 『비장소: 초근대성의 인류학 입문』, 아카넷.

마크 피셔(안현주 옮김), 2019, 『기이한 것과 으스스한 것』, 구픽.

메릴린 스트래선(차은정 옮김), 2019, 『부분적인 연결: 문명 너머의 사고를 찾아서』, 오월의봄.

미셸 짐발리스트 로잘도·루이스 램피어 엮음(권숙인·김현미 옮김), 2008, 『여성·문화·사회』, 한길사.

배명훈, 2020(초판 2009), 『타워』, 문학과지성사.

브리짓 오로린, 2008, 「모순의 중재: 음붐 여성이 닭고기를 먹지 않는 이유는?」, 미셸 짐발리스트 로잘도·루이스 램피어 엮음(권숙인·김현미 옮김), 『여성·문화·사회』, 한길사, 461~484쪽.

빅터 터너(박근원 옮김), 2005, 『의례의 과정』, 한국심리치료연구소.

빅터 터너(강대훈 옮김), 2018, 『인간 사회와 상징 행위: 사회적 드라마, 구조, 커뮤니타스』, 황소걸음.

빅터 터너(장용규 옮김), 2020, 『상징의 숲』, 지만지.

서경식(최재혁 옮김), 2024, 『나의 미국 인문 기행』, 반비.

서승희, 2019, 「포스트휴먼 시대의 여성, 과학, 서사: 한국 여성 사이언스픽션의 포스트휴먼 표상 분석」, 《현대문학이론연구》 제77집, 130~153쪽.

셰리 오트너, 2008, 「여성은 자연, 남성은 문화?」, 미셸 짐발리스트 로잘도·루이스 램피어 엮음(권숙인·김현미 옮김), 『여성·문화·사회』, 한길사, 129~157쪽.

스타니스와프 렘(최성은 옮김), 2022, 『솔라리스』, 민음사.

얀 반시나, 2010, 「기억과 구전」, 윤택림 편역, 『구술사, 기억으로 쓰는 역사』, 아르케, 55~76쪽.

애나 로웬하웁트 칭(노고운 옮김), 2023, 『세계 끝의 버섯: 자본주의의 폐허에서 삶의 가능성에 대하여』, 현실문화.

어슐러 K. 르 귄(이수현 옮김), 2002, 『빼앗긴 자들』, 황금가지.

어슐러 K. 르 귄(최준영 옮김), 2011, 『라비니아』, 황금가지.

어슐러 K. 르 귄(최용준 옮김), 2014, 『어둠의 왼손』, 시공사.

어슐러 K. 르 귄(최용준 옮김), 2014, 「오멜라스를 떠나는 사람들」, 『바람의 열두 방향』, 시공사, 451~467쪽.

어슐러 K. 르 귄(이수현 옮김), 2021, 『찾을 수 있다면 어떻게든 읽을 겁니다: 삶과 책에 대한 사색』, 황금가지.

어슐러 K. 르 귄(이수현 옮김), 2021, 「젠더(성별)가 필요한가? 다시 쓰기」, 『세상 끝에서 춤추다: 언어, 여자, 장소에 대한 사색』, 황금가지, 22~38쪽.

어슐러 K. 르 귄(이수현 옮김), 2021, 「캘리포니아를 차가운 곳으로 보는 비유클리드적 관점」, 『세상 끝에서 춤추다: 언어, 여자, 장소에 대한 사색』, 황금가지, 145~182쪽.

에두아르두 비베이루스 지 카스트루(박이대승·박수경 옮김), 2018, 『식인의 형이상학: 탈구조적 인류학의 흐름들』, 후마니타스.

에두아르두 비베이루스 지 카스트루(존재론의 자루 옮김), 2022, 『인디오의 변덕스러운 혼: 16세기 브라질에서 가톨릭과 식인의 만남』, 포도밭출판사.

옥타비아 버틀러(이수현 옮김), 2016, 「블러드차일드」, 『블러드차일드』, 비채, 15~16쪽.

옥타비아 버틀러(이수현 옮김), 2016, 『킨』, 비채.

이승철, 2019, 「불가능한 증여, 기생의 사회: 자크 데리다와 미셸 세르의 상호성 비판」, 『비교문화연구』 제25집 2호, 191~229쪽.

임소연, 2022, 『신비롭지 않은 여자들』, 민음사.

전혜진, 2019, 『280일: 누가 임신을 아름답다 했던가』, 구픽.

제리 무어(김우영 옮김), 2002, 『인류학의 거장들: 인물로 읽는 인류학의 역사와 이론』, 한길사.

조문영, 2022, 『빈곤 과정: 빈곤의 배치와 취약한 삶들의 인류학』, 글항아리.

조애나 러스(나현영 옮김), 2020, 『SF는 어떻게 여자들의 놀이터가 되었나』, 포도발출판사.

조한혜정, 2003, 「여성성과 남성성」, 한국문화인류학회 엮음, 『처음 만나는 문화인류학』, 일조각, 75~92쪽.

클로드 레비스트로스(박옥줄 옮김), 1998, 『슬픈 열대』, 한길사.

크리스 파울러(우정연 옮김), 2018, 『고고학과 인류학을 통해 본 사람다움』, 서경문화사.

테드 창(김상훈 옮김), 2016, 「네 인생의 이야기」, 『당신 인생의 이야기』, 엘리, 149~230쪽.

테드 창(김상훈 옮김), 2019, 『숨』, 엘리.

피에르 클라스트르(홍성흡 옮김), 2005, 『국가에 대항하는 사회: 정치인류학 논고』, 이학사.

피에르 클라스트르(변지현·이종영 옮김), 2002, 『폭력의 고고학: 정치인류학 연구』, 울력.

한국문화인류학회 엮음, 2006, 『낯선 곳에서 나를 만나다』, 일조각.

황희선, 2021, 「다종민족지: 환경 파국 시대의 생물문화적 희망한 민족지적 연구」, 《한국문화인류학》 제54집 1호, 359~402쪽.

외국어 논문 및 단행본

Bayat, Asef, 2012, "Politics in the city-inside-out", *City & Society* Vol.24, No.2, pp.110~128.

van Gennep, Arnold, 1960, *The Rites of Passage*, University of Chicago Press.

Holston, James & Arjun Appadurai, 1999, "Cities and Citizenship", in James Holston (ed.), *Cities and Citizenship*, pp.2~18, Duke University Press.

Jameson, Fredric, 2005, *Archaeologies of the Future: The Desire Called Utopia and Other Science Fictions*, Verso.

Marshall, Thomas H., 1950, *Citizenship and Social Class and Other Essays*, Cambridge University Press.

Martin, Emily, 1991, "The Egg and Sperm: How Science Has Constructed a Romance Based on Stereotypical Male-Female Roles," *Signs* Vol.16, No.3, pp.485~501.

McGrane, Bernard, 1989, *Beyond Anthropology: Society and the Other*, Columbia University Press.

Mead, Margaret, 2001[1935], *Sex and Temperament in Three Primitive Societies*, Harper Collins.

Strathern, Marilyn, 1988, *The Gender of the Gift*, University of California Press.

Tsing, Anna Lowenhaupt, 2012, "Unruly Edges: Mushrooms as Companion Species", *Environmental Humanities* Vol.1, No.1, pp.141~154.

Tsing, Anna Lowenhaupt & Heather Swanson & Elaine Gan & Nils Bubandt (eds.), 2017, *Arts of Living on a Damaged Planet*, University of Minnesota Press.

Whorf, Benjamin Lee, 1944, "The Relation of Habitual Thought and Behavior to Language", *ETC: A Review of General Semantics* Vol.1, No.4, pp.197~215.

Whorf, Benjamin Lee, 1953, "Linguistic Factors in the Terminology of Hopi Architecture", *International Journal of American Linguistics* Vol.19, No.2, pp.141~145.

Zhang, Li, 2002, "Spatiality and Urban Citizenship in Late Socialist China", *Public Culture* Vol.14, No.2, pp.311~334.

다음의 기존 출판물들의 사용을 허가해주셔서 감사합니다.

배명훈, 2020(초판 2009), 『타워』, 문학과지성사

Marcel Hénaff, *Le Prix de la Vérité. Le don, l'argent, la philosophie* © Editions du Seuil, 2002

Quotation from *The Handmaid's Tale* by Margaret Atwood. Copyright © 1985 Margaret Atwood. Used by permission of Creative Artist Agency through Duran Kim Agency.

Copyright © 1989 by Ursula K. Le Guin

First appeared in DANCING AT THE EDGE OF THE WORLD, published by

일부 인용문은 저작권자와 연락이 되지 않아 부득이하게 허가를 구하지 못했습니다. 저작권자와 연락이 닿는 대로 정식으로 재수록 허가 절차를 밟고 사용료를 지불하겠습니다.

낯선 이야기는 우리 곁에 있다
SF와 인류학이 함께 그리는 전복적 세계

1판 1쇄 찍음 2024년 8월 7일
1판 1쇄 펴냄 2024년 8월 16일

지은이	정헌목 황의진	출판등록 1997. 3. 24.(제16-1444호)
		(06027) 서울시 강남구 도산대로1길 62
편집	최예원 박아름 최고은	강남출판문화센터
미술	김낙훈 한나은 김혜수	대표전화 515-2000 팩시밀리 515-2007
전자책	이미화	편집부 517-4263 팩시밀리 514-2329
마케팅	정대용 허진호 김채훈	
	홍수현 이지원 이지혜	글 ⓒ 정헌목·황의진, 2024. Printed in Korea.
	이호정	ISBN 979-11-94087-82-3 (03380)
홍보	이시윤 윤영우	
저작권	남유선 김다정 송지영	반비는 민음사출판그룹의 인문·교양 브랜드입니다.
제작	임지헌 김한수 임수아	
	권순택	만든 사람들
관리	박경희 김지현	책임편집　최고은
		디자인　　한나은
펴낸이	박상준	조판　　　순순아빠
펴낸곳	반비	